DELICIOUS

vegan, raw & Superfoods, die wirklich gesunde Küche

MARTINA HINTERWALLNER

MH VERLAG WIEN

Verlag: Martina Hinterwallner (MH) Verlag Wien
Druck: Finidr.cz
Coverfoto, Marktfotos: Martin Siebenbrunner
Lektorat: Karin Leherbauer
Fotos/Rezepte/Design/Gestaltung/Text/Rezepte: Martina Hinterwallner
alle anderen Fotos: Shutterstock
ISBN: 978-3-9503841-1-6

Inhalt

Vorwort

Ich liebe gutes Essen!
Ich lebe seit Frühling 2012 vegan und bedanke mich fast täglich für dieses Geschenk!
Ich habe mich seit damals ständig mit der gesunden Ernährung beschäftigt und wurde mit der Zeit immer kreativer beim Kochen und Zubereiten der Speisen. Ich bereite mein Essen als Veganerin viel leidenschaftlicher zu als früher als Omnivor. Zuvor hatte ich mich eher einseitig ernährt.
Das, was ich kannte und mir direkt vor der Nase angeboten wurde, war meistens dasselbe.
Immer wieder eine Käsesemmel oder ein Brot, Wust nur ganz selten, und zu Hause dann ein Stück Fleisch oder Fisch mit Gemüse, Nudeln oder Reis.
Natürlich hab ich mir auch gerne hin und wieder etwas Exotisches gemacht wie z. B. ein WOKgericht oder ich habe selbst Speisen kreiert. Aber die wirkliche Leidenschaft und Faszination habe ich erst als Veganerin entdeckt! Eine völlig neue faszinierende Welt mit unglaublich vielen gesunden und leckeren Produkten, eine Vielfalt an Nahrungsschätzen, als wäre man im Schlaraffenland, hat sich vor mir aufgetan! Ich entdeckte plötzlich Quinoa, Amaranth, Buchweizen, Superfoods, brachte mir selbst die Zubereitung von Rohkost-Torten bei, die man nicht bäckt und unter 42 Grad herstellt, fing an, mir die leckersten Smoothies zu kreieren, entdeckte Frucht"leder" und fühlte mich mit der Zeit von Tag zu Tag besser, fitter, leichter, aktiver und vor allem klarer im Kopf!

WOW! Was für eine fantastische neue Welt und warum nur lernte ich sie nicht schon viel früher kennen?
Ich probierte wirklich viel aus!!

Anfangs als ich noch frische Veganerin war, hatte ich mir Tofu-Gerichte gemacht, Fleisch- und Wurstersatzprodukte habe ich getestet, die verschiedenen Getreidesorten durchprobiert und entdeckte die proteinreichen, glutenfreien Produkte wie Lupinen, Quinoa, Amaranth und Hanf und wurde mit der Zeit immer besser im Zubereiten der Speisen und fing auch an, mir mein Brot und meine Pizza selbst zu machen. Früher kaufte ich Fertigpizzen.
Ich hätte mir nie eine Pizza selbst gemacht, im Supermarkt wird sie ja fertig angeboten.
Mit der Zeit spürte ich meinen Körper immer feiner, was für ihn das Richtige ist und was ihm am meisten Energie schenkt und so entwickelte ich meine Ernährung nach ca. 1½ Jahren vegan. Ich merkte, dass ich in den Sommermonaten gerne Rohkost esse, sobald es aber kälter wird, bevorzuge ich Suppen und warme Eintöpfe. Ich backe mir mein glutenfreies Brot selbst und mache mir ab und zu eine Pizza oder Wraps.
Grüne Smoothies trinke ich fast täglich und hin und wieder detoxe ich 3-5 Tage lang, denn das finde ich auch sehr wichtig! Eine gesunde Ernährung ist nur dann umfassend, wenn Sie Ihren Körper auch regelmäßig entschlacken und entgiften. Mehr dazu auf Seite 77!
Ich bin wirklich immer glücklich, wenn ich mir mein Essen zubereite, denn ich weiß und spüre, dass ich meinem Körper und meinem Geist etwas Gutes damit tue und mir sowieso mit jeder Mahlzeit beweise, dass ich mich gegen die Ausbeutungsindustrie entschieden habe.

Ich hatte immer Tiere in meinem Leben und liebe sie seit meiner Kindheit! Ich hatte mir nur nie so viele Gedanken gemacht!
Erst als Veganerin erkannte ich, dass es zwischen einem Kalb und einem Hund keinen Unterschied gibt. Früher habe ich immer nur das Endprodukt gesehen und nie das Tier, das dahintersteckt. Es sind beide zwei fühlende Lebewesen mit einem zentralen Nervensystem, die Angst und Schmerz empfinden können, wie der Mensch.
Bei mir dauerte die Umstellung vom Omnivor zur Veganerin einen Monat, da für mich Vegetarierin nie ein Kompromiss oder eine Alternative war.
Ich weiß, wie brutal die Milchindustrie ist und dass das Kasein (Milchprotein) der größte Verursacher von Krebs ist sowie auch Osteoporose, Neurodermitis, Akne, Brustkrebs, Prostatakrebs, Diabetes, Schlaganfall, Herzinfarkt, Demenz und viele klassische Zivilisationskrankheiten vom Verzehr der Kuhmilch kommen können.

Abgesehen davon trinken die wenigsten direkt gemolkene Milch und nach meinen Recherchen muss Kuhmilch bis zu 30 chemische Prozesse durchlaufen, bevor sie so strahlend weiß in die Verpackung kommt. Die wenigsten Leute wissen, dass Kühe permanent schwanger sein müssen, um Muttermilch geben zu können. Deshalb werden sie regelmüßig künstlich befruchtet und somit geschwängert. Sobald das Kalb geboren wird, wird es sofort nach der Geburt der Mutterkuh entrissen, damit es keinen Schluck von seiner Muttermilch trinken kann. Was gibt es Schlimmeres, als einer Mutter gleich nach der Geburt ihr Baby wegzunehmen und für das Baby, von der Mutter getrennt zu werden? Nachdem die Mutterkuh ausgebrannt ist und keine Milch mehr geben kann, wird sie geschlachtet. Die Kälber werden in Einzelisolierboxen weggesperrt und nach ca. 5 Monaten geschlachtet.
Der Mensch verträgt das tierische Protein einfach nicht! Kein Lebewesen, nur der Mensch, trinkt weiterhin Muttermilch, nachdem es abgestillt hat. Und der Mensch dann auch noch von einer anderen Spezies, der Kuh! Das ist doch verrückt und völlig absurd!
Dazu möchte ich jedem, dem seine Gesundheit und die seiner Kinder ein Anliegen sind, ans Herz legen, sich den Film „Gabel statt Skalpell mit Prof. Dr. T. Colin Campell“ anzusehen oder sich das Buch „Die China-Studie/The China Study“ zu kaufen. Es ist die Dokumentation über die umfangreichste Ernährungsstudie, die jemals durchgeführt wurde.
Auch Biofleisch oder andere tierische Produkte waren für mich genauso sofort tabu! Ich habe Biohöfe gesehen, die keineswegs so aussahen wie sie es versprachen und der Endverbraucher es annehmen darf. Ich war geschockt!!
Auch die enorme Treibhausgas-Belastung, die schlimmer als der gesamte Verkehr weltweit ist (inklusive Autos, Bahnen, Schiffe und Flugzeuge), kommt auch von Rindern auf Biohöfen. Sie sind wegen ihrer Methanausschüttungen der größte Verursacher des Klimawandels.

In den letzten zwei Jahren, in denen ich sehr viel recherchierte, las ich immer wieder Horrormeldungen wie:

- Multiresistente tödliche Keime in Biofleisch
- Die EU empfiehlt, bei der Zubereitung von Fleisch Handschuhe anzuziehen
- Resistente Keime in Fleisch ein wachsendes Problem
- Produkte werden aus den Supermärkten zurückgerufen wegen gefährlicher Listerien
- Fisch ist hochgradig radioaktiv, mit Schwermetallen, Quecksilber, PCP, Antibiotika und Dioxinen belastet
- Fisch und Fischöl gar nicht gesund
- US-Ärzte wollen Milch aus den Schulen verbannen und immer mehr Kinder leben in den USA vegan
- Harvard: Milch von der Kuh ist nicht gesund
- erste Schule in Kalifornien, unterstützt von James Cameron, mit ausschließlich veganer Ernährung

Ich habe mich auch nicht mehr wohlgefühlt, seitdem ich weiß, dass in den Drittländern über 40.000 Menschen täglich sterben und 1 Million Menschen hungern, weil die Weltgetreideernte an den Westen verkauft wird und die Bauern mit ihren Familien neben ihren Feldern verhungern.
Da ich ein sehr naturverbundener Mensch bin und lange Spaziergänge und das Meer liebe, ist es für mich schrecklich, dass ich mit meinem Konsumverhalten auch die Umwelt massiv zerstöre, denn der Mensch verwendet mittlerweile 1,5-mal so viele Ressourcen der Erde und bald sind diese Ressourcen ausgeschöpft.

Einen sehr guten Film kann ich dazu empfehlen: „HOME".
Es ist ein Dokumentarfilm des französischen Fotografen und Journalisten Yann Arthus-Bertrand, der über die Entstehung der Erde und die Veränderung durch das Eingreifen der Menschen berichtet.

Vegan zu leben ist eben weit mehr als eine Ernährungsumstellung!!
Tierausbeutung, Umweltzerstörung, Ressourcenverschwendung und Welthungerproblematik sind genauso Beweggründe wie rein, gesund und bewusst zu essen.

- 55 Milliarden Tiere werden weltweit jährlich für den menschlichen Bedarf getötet
- 1 Milliarde Menschen hungern, jeden Tag sterben über 40.000 Menschen, weil 70% der Welt-Getreideernte an die Tiere der Massenbetriebe verfüttert wird und 98% der Welt-Sojaernte (davon werden lediglich 2% für Lebensmittel verwendet)
- Treibhausgase der Nutztierhaltung sind der größte Verursacher des Klimawandels und höher als der gesamte Verkehr inkl. Autos, Bahnen, Schiffe, Flugzeuge weltweit.
  1 kg Rindfleisch = eine Autofahrt von ca.250 km
- Regenwald erhalten! Pro Minute wird für den Fleischkonsum Regenwald abgebrannt.
  1 kg Rindfleisch = ca. 37 Fußballfelder
- Bitte kaufen Sie auch kein Palmöl!
- Wasserressourcen sparen (für 1 kg Rindfleisch werden ca. 15.000 Liter Trinkwasser ver(sch)wendet, damit könnte man 1 Jahr lang täglich duschen)

Mir sind die Natur und Tiere sehr wichtig und ich kann mir nicht vorstellen, dass ich nicht mehr mit meinen Hunden an einem kilometerlangen Strand spazieren kann, nicht mehr die gute Luft im Wald oder auf einem Berg atme und nicht mehr im Meer oder einem erfrischenden klaren See schwimme.
Wenn es so weitergeht, werden laut Wissenschaft 2050 keine Fische mehr im Meer sein, also ist es wirklich höchste Zeit, unsere Mutter Erde zu beschützen, denn sie braucht unseren Schutz!

Ich setze mich seit dem ersten Tag als Veganerin aktiv für die vegane Lebensweise ein.
Manchmal denke ich, dass es als Erdling sogar meine Pflicht ist!

Kosmetik-Tipps

Mit der Zeit habe ich auch begonnen, viele Obstsorten, die ich sonst esse oder rohen Kakao als Pflege für die Haut einzusetzen.
Reiner Zitronensaft mit pürierter Minze ist ein herrlich erfrischendes Tonic, reiner hochwertiger roher Kakao gemixt mit einer Avocado ergibt eine tolle nahrhafte Maske.
Mit Kokosmus- oder öl pflege ich mein Gesicht und meinen Körper.

Ich achte bei Kosmetik, die im Handel angeboten wird, selbstverständlich immer auf tierversuchsfreie Kosmetik und auch deren Zulieferer.
Im Internet gibt es ein großes Angebot an Kosmetik auf Bio-Raw (Rohkost)-Basis.
Nachdem ich viel recherchiert hatte und erfahre habe, dass in den meisten Kosmetikprodukten chemische und schädliche Zusätze sind, verwende ich nur mehr die Bio-Rohstoffe, die für die Herstellung von Kosmetikprodukten verwendet werden, wie z. B. reine Sheabutter für den Körper, reines Jojobaöl oder Sanddorn fürs Gesicht und Rosenwasser als Tonic.
Es gibt schon einige Anbieter, die die reinen Bio-Produkte, also die Rohstoffe für die Kosmetik, anbieten.

Meine Rezepte

Da ich Smoothies liebe und viel über Pflanzengrün und Chlorophyll gelesen habe, habe ich begonnen, mir auch mein Weizengras zu Hause anzubauen, um auf das gesündeste Lebensmittel überhaupt, das Chlorophyll, nicht verzichten zu müssen. Auch Menschen wie ich, die in einer Stadtwohnung leben, können sich ihr Weizengras selbst anpflanzen.
Ich beschreibe auf den Seiten 72 bis 73 genau, wie ich mit Weizengras meine Smoothies zubereite. Diese Vitalpower möchte ich gerne an so viele Menschen wie möglich weitergeben.
Vegane Speisen und vegane Rohkost-Speisen kombiniert mit Superfoods, die den höchsten Nährstoffanteil an Vitalstoffen haben, Smoothies und klares Wasser, das ist für mich die einzig richtige Ernährung (wenn möglich gluten, öl- und zuckerfrei), die für den Menschen bestimmt ist. Sie werden sehen, wenn Sie einmal damit anfangen, wollen Sie nie wieder zurück. Ich habe immer schon Salate geliebt, habe aber früher immer viel zu viel Öl verwendet, wobei ich gern verschiedenste Öle ausprobiert habe. Als ich ab und zu Herzschmerzen bekam, konnte ich lange Zeit nicht zuordnen, woher die kommen mögen, bis ich den Film über die China-Studie „Gabel statt Skalpell“ sah. Es wird darin erklärt, dass Öle und Fette die Arterien verschließen und das zu Herzschmerzen führen kann. Nachdem ich begann, Öl wegzulassen, hörten meine Herzschmerzen auf.
Also fing ich mit der Zeit an, Dressings ohne Öl zu kreieren. Auch bei meinen warmen Speisen lasse ich Öl z. B. beim Zwiebel anbraten als Geschmacksunterstützung einfach weg oder dünste sie nur kurz in heißem Wasser. Für mich koche ich meistens ohne Öl, selten verwende ich ein bisschen davon für den Salat oder zum Braten.
Öle, die ich verwende, um auch fettlösliche Vitamine wie A, D, E und K im Körper speichern zu können, sind: Kokosöl, Hanföl, Olivenöl und Leinöl. Oder natürliche Fette, wie: Nüsse und Avocados!

Mir ist es auch ein Anliegen, glutenfreie Rezepte anzubieten, da viele Menschen eine Gluten-Unverträglichkeit haben. Gluten haften wie Kleister am Darm.
Ich möchte reine Nahrung (clean food) essen und anbieten: ohne E-Zusatzstoffe, ohne Glutamate und ohne Ascorbinsäure. Diese Inhaltsstoffe sind in Bio-Produkten nicht enthalten.

Alle Zutaten, die ich verwende, sind bio und gut ausgewählt, meistens aus dem Biosupermarkt und ich lasse mir von Bio-Zustellservices, die mit regionalen Bauern zusammenarbeiten, mein frisches Obst und Gemüse nach Hause liefern. Das ist nicht teurer, als im Bioladen einzukaufen, denn viele Lieferanten liefern ab einer bestimmten Menge frei Haus. Salz und Zucker verwende ich nur selten und wenn, dann wenig!!
Ich achte beim Einkaufen auch immer, dass ich Produkte finde, die nicht in Aluverpackungen verschweißt sind.
Wenn ich Reis kaufe wähle ich nur Wild- oder Naturreis.
Achten Sie bei Soja immer darauf, dass es gentechnikfrei und bio ist!

Wenn ich nicht sowieso meine eigene Stofftasche oder meinen Einkaufstrolli dabei habe, greife ich zum Papier- statt zum Plastiksack.

Für manche meiner Speisen habe ich von Rapunzel die Cashewcreme und das Mandelmus verwendet, die mit Rohrzucker und Vollrohrzucker verarbeitet sind.
Beide sind im Bioladen zu kaufen.
Wer Zucker meiden möchte, macht die Cashewcreme selbst: einfach eingeweichte Cashews mit Datteln und ein bisschen Wasser cremig mixen.

Für die Smoothies zum Mixen habe ich den Vitamix TNC 5200 und für Cremes oder kleinere Mengen den Personal Blender.
Zum Dörren verwende ich das Dörrgerät:
Excalibur Mini von Keimling.
Alle Geräte (auch auf Ratenzahlung) zu bestellen bei: www.keimling.at

GUAVAS
100gr 1,80

GUAVA
100gr

vegan

Frühstück

Für alle, die Kaffee vermeiden oder die Trinkmenge reduzieren möchten, kann ich Lupinen-Kaffee empfehlen.
Es gibt mittlerweile schon einige Anbieter! Einfach mal googeln!
Ich bestelle meinen aus Deutschland. Hie und da trinke ich aber gerne noch Bohnen-Kaffee.
Auch beim Kaffee, beim Kakao und bei der Schokolade achte ich immer auf bio & Fairtrade!

schwarze Quinoa (warm) mit weißem Mandelmus & Beeren
glutenfrei

für 2 Personen

300 g schwarze Quinoa
1 EL weißes Mandelmus
1 Handvoll Beeren
1 TL Kokosflocken

Die schwarze Quinoa wie Reis kochen, bis sie weich, aber dennoch bissfest ist und danach abkühlen lassen.
Anschließend mit dem Mandelmuss und den Beeren vermischen.
Wer es sehr süß mag, kann im Mixer (Personal Blender)
z. B. eine entkernte Dattel mit dem Mandelmus pürieren.

Quinoa ist eine der besten Eiweiß- und Eisenquellen und hat alle neun essentiellen Aminosäuren, die der Körper braucht. Sie ist reich an Vitaminen und Mineralstoffen. Sie wird das Gold der Imker genannt! Quinoa stärkt das Immunsystem und soll wirksam gegen Krebs sein.

Beeren sollen das Herzinfarkt-Risiko schon mit einer kleinen Menge täglich senken. In Erdbeeren, Himbeeren, Blaubeeren und Brombeeren stecken Antioxidantien, die unseren Körper vor Radikalen schützen, viele Vitamine aber auch Eisen und Magnesium.

Roher Kakao mit Hafermilch & helle Buchweizenbrötchen mit Cashewcreme mit Erdbeeren
glutenfrei

für 2 Personen

Kakao
1 EL hochwertiger roher Kakao
½ Liter Hafermilch
1 halbe Banane zum Süßen

Cashewcreme
1 Handvoll Cashews (ca. 1 Stunde in Wasser einweichen)
2 Medjoul-Datteln

Brötchen
1 Tasse Erdbeeren
200 g Buchweizenmehl
100 g Kartoffelmehl
1 TL Agar Agar
1 Packung Backpulver

Backrohr vorheizen

Den Kakao mit der Hafermilch und der Banane pürieren, kann je nach Belieben warm oder kalt getrunken werden. Hafermilch schäumt ideal!

Für die Cashewcreme die Cashews mit einer entkernten Dattel im Mixer (z. B. mit dem Personal Blender) mit ein bisschen Wasser cremig pürieren.
Buchweizen- und Kartoffelmehl mit Wasser, Agar Agar und Backpulver vermischen, bis der Teig nicht mehr an den Fingern kleben bleibt. Zu kleinen Brötchen formen und bei 180 Grad im Backrohr ca. 15 Minuten aufbacken und, nachdem sie fertiggebacken sind, auskühlen lassen. Mit den Erdbeeren und der Cashewcreme belegen.

Roher Kakao ist reich an Antioxidantien, Magnesium, Zink, Eisen und setzt Endorphine im Gehirn frei, sodass wir uns gut und glücklich fühlen. Rohen Kakao gibt es als Kakaonibs, Kakaobohnen oder als Pulver.

Amaranth mit Granatapfel und Chia-Erdbeer-Topping (Superfoods)

für 2 Personen

200 g Amaranth
1 Granatapfel

Topping
1 Tasse Erdbeeren
1 Banane
2 EL Chiasamen

Den Amaranth kochen, bis er weich, aber dennoch bissfest ist.
Die Erdbeeren mit der Banane pürieren und die Chiasamen zwischenzeitlich einweichen, bis der Amaranth fertig gekocht und etwas ausgekühlt ist.
Das Topping mit dem Amaranth vermischen und die Kerne vom Granatapfel dazugeben.
Wer mag, kann noch eingeweichte Nüsse dazu geben!

In der Rohokost-Küche werden Nüsse immer für ein paar Stunden in Wasser eingeweicht, da sie so besser verdaulich sind.

Amaranth und Quinoa sind genau genommen keine Getreide.
Sogenannte Pseudogetreide, die viel Eiweiß enthalten, sodass sie genauso als nahrhafte Proteinquelle verwendet werden können.

Chiasamen sind eine der besten Omega3 und Omega6 Quellen sowie reich an Antioxidantien, Kalzium und Eiweiß.

Sie sind Superfoods. Das sind Nahrungsmittel, die einen besonders hohen Nährstoffanteil haben!
Chiasamen kann man in Wasser einlegen (auch über Nacht z. B. in reinem Erdbeersaft), dann quellen sie in der Zeit auf und man kann damit gute Puddings machen.
Ich esse gerne über Nacht eingelegte Chiasamen in püriertem Erdbeersaft mit einer Banane dazu.

Hirsebrei mit den Superfoods Acerola und Acai

für 1 Person

100 g Hirseflocken (z. B. von Spreewälder Hirsemühle, auch Reisflocken, z. B. von Davert eignen sich)
1 Medjoul Dattel (entkernt)
1 Päckchen Acerola à 100 g von ACAI
1 Päckchen Acai à 100 g von ACAI
1 EL Kokosflocken
einige Himbeeren

Die Hirseflocken für ca. 5 Minuten in ca. ⅛ Liter Wasser mit niedriger Temperatur köcheln.
Die Dattel mit Acerola und Acai pürieren und mit der Hirse vermischen. Anschließend mit Kokosflocken bestreuen und den Himbeeren dekorieren.

Caffee Latte mit Mandelmilch & Schokopalatschinken (Pfannkuchen) mit Beerencreme und Bananen

glutenfrei

für 2 Personen

Kaffee
1 TL Bohnen- oder Lupinenkaffee
½ Liter Mandelmilch

Pfannkuchen
100 g helles Buchweizenmehl (dunkles passt auch gut)
50 g Lupinenmehl
1 TL Agar Agar
1 Tasse Beeren
2 Bananen
1 EL roher Kakao
4 Medjoul-Datteln (entkernt)
1 Messerspitze Vanillepulver
1 EL Kokosöl
1 TL Kokosflocken

Den Kaffee wie gewohnt zubereiten, Mandelmilch schäumt ideal!
Buchweizen- und Lupinenmehl, 2 Datteln, Vanillepulver, Agar Agar und den rohen Kakao mit Wasser vermischen und mit dem elektrischen Pürierstab cremig pürieren.

Danach ein bisschen Kokosfett in die Pfanne geben und die Palatschinken ausbacken.

Für die Beerencreme:
Die Beerenmischung, 2 Datteln und eine Banane im Mixer cremig mixen.
Anschließend am Teller schön anrichten und zum Schluss mit Kokosflocken bestreuen.

Die Palatschinken haben eine braune Schokoladenfarbe, das ist ein besonderer Deko-Effekt und schmeckt auch sehr gut.

Buchweizen ist genauso wie Amaranth, Quinoa und Lupinen eine hochwertige glutenfreie Eisen- und Proteinquelle. Er hat auch viele andere gesunde Mineralstoffe!

Kurkuma hat eine heilende Wirkung, da es entzündungshemmend wirkt und es entgiftet den Körper von Schwermetallen. Superfood Maca ist eine Wurzel aus Peru und wird von vielen Athleten verwendet, da es leistungsfördernd ist. Erdmandel, auch Tigernuss genannt, hat reines pflanzliches Eiweiß und viele Mineralstoffe sowie ungesättigte Fettsäuren.

Protein Power

Green Protein Smoothie, Süßlupinen-Brötchen mit „Eier"speis
glutenfrei

Lupinen oder Süßlupinen enthalten hochwertiges Eiweiß und sind gluten- und cholesterinfrei

für 2 Personen

Smoothie
2 Blätter Kohl
etwas Petersilie
1 Banane
1 Mango

Superfoods: Maca, Erdmandel und Gerstengraspulver

Süßlupinen-Brötchen
200 g Süßlupinenmehl
200 g Kartoffelmehl
1 Packung Backpulver
1 TL Agar Agar
1 TL Rohrohrzucker

„Eier"speis
1 Packung Seidentofu (z. B. von Taifun)
1 TL Kurkuma
Prise Salz, Pfeffer
Petersilie
1 TL Kokosfett oder Olivenöl (nach Belieben)

Für den Smoothie alle Zutaten mit Wasser zusammen im Mixer mixen (z. B. mit Vitamix)

Backrohr vorheizen

Für das Brötchen das Mehl mit dem Backpulver und Wasser verrühren und kneten, bis es nicht mehr an den Fingern kleben bleibt, aber doch noch luftig ist (nicht zu fest zusammenkneten). Anschließend bei 180 Grad ca. 20 Minuten im Ofen aufbacken und danach auskühlen lassen.

Für die „Eier"speis Öl in der Pfanne heiß machen, Temperatur niedriger drehen und den Seidentofu in die Pfanne geben. Kurkuma mit dem Tofu darin vermischen und braten.
Salz, Pfeffer und Petersilie (klein gehackt) dazufügen. Nach Belieben können z. B. getrocknete Tomaten, anderes Gemüse oder Vurst aus dem Bioladen dazu gebraten werden.

selbstgemachtes Brot und Gebäck

Glutenfreies Brot kann man mit vielen verschiedenen Mehlen backen, z. B. mit

Amaranth
Buchweizen hell oder dunkel
Hirse
Kartoffeln
Kastanien
Quinoa
Mais
Reismehl
Soja
Süßlupinen oder Lupinen
Teff

Getreide mit hohem Glutenanteil sind: Weizen, Roggen, Dinkel, Kamut, Einkorn, Hartweizen.
Mit einer Mühle können die Samen auch selbst zu Mehl gemahlen werden. Getreidemühlen gibt's z. B. in Biosupermärkten zu kaufen.

Am besten nimmt man immer zur Hälfte oder zumindest zu einem Drittel der gesamten Mehlmasse Kartoffelmehl, z. B. Buchweizen- mit Kartoffelmehl 1:1, oder Quinoa- mit Kartoffelmehl 1:1.
Oder man mischt je ein Drittel Amaranth-, Quinoa- und Kartoffelmehl miteinander. Das Kartoffelmehl ersetzt ideal das Klebereiweis und bindet den Teig, sodass er nicht bröckelt. Reismehl bindet auch sehr gut und hält wie das Kartoffelmehl das Brot zusammen. Einen Teelöffel Agar Agar gebe ich auch immer dazu. Am besten ist es, einfach auszuprobieren, wie der Teig gelingt!

Weitere Bindemittel sind:

Agar Agar: wird aus Algen und Seetang hergestellt und ist reich an Proteinen. Einen EL zum Mehl geben, bevor man es mit Wasser vermischt oder separat mit 3-4 EL Wasser mischen und zum Mehl dazugeben. Agar Agar ist ein gutes pflanzliches Binde-, Gelier- und Verdickungsmittel.

Chiasamen gemahlen: 1 EL Chiasamen mit ca. 4 EL Wasser mischen und aufquellen lassen, bis eine Pudding ähnliche Konsistenz entstanden ist, das dauert ca. 2 Stunden. Danach zur Brotmasse hinzugeben.

Flohsamenschalen: 1 EL Flohsamenschalen mit ca. 4 EL Wasser mischen und aufquellen lassen, bis eine Pudding ähnliche Konsistenz entstanden ist, das dauert ca. 2 Stunden. Danach zur Brotmasse hinzugeben.

Guarkernmehl: wird aus der Guarpflanze gewonnen. Einen EL zum Mehl geben, bevor man es mit Wasser vermischt oder separat mit 3-4 EL Wasser mischen und dem Mehl unterheben.
Guarkernmehl ist ein starkes pflanzliches Verdickungsmittel.

Johannisbrotmehl: Einen EL zum Mehl fügen, bevor man es mit Wasser vermischt oder separat mit 3-4 EL Wasser mischen und zum Mehl dazugeben.
Johannisbrotmehl wird aus der Frucht des Johannisbrotbaums gewonnen und ist ein pflanzliches Binde- und Verdickungsmittel.

Leinsamen gemahlen: 1 EL Leinsamen mit ca. 4 EL Wasser mischen und aufquellen lassen (ca. 60 Minuten). Danach zur Brotmasse hinzugeben.

Pektin: ist eine pflanzliche Alternative zur Gelatine und wird aus Apfel-, oder Zitrusfruchtschalen sowie aus Zuckerrübenschnitzel gewonnen und ist auch ein sehr gutes Binde-, Gelier- und Verdickungsmittel. Es wird oft für Marmeladen verwendet.

Pfeilwurzelmehl: Einen EL zum Mehl geben, bevor man es mit Wasser vermischt oder separat mit 3-4 EL Wasser mischen und zum Mehl dazugeben. Pfeilwurzelmehl ist ein starkes pflanzliches Binde- und Verdickungsmittel.

Zubereitung mit Hefe:
Eine Packung Hefe oder einen Hefewürfel mit ca. ⅛ Liter warmem Wasser in einer Schüssel vermischen und 50 g Mehl dazu verrühren, bis keine Klumpen mehr entstehen. Anschließend ca. 15 Minuten abgedeckt quellen lassen. Dann das restliche Mehl dazumischen (z. B. 200 g), bis es nicht mehr an den Fingern kleben bleibt und für weitere 30 Minuten abgedeckt aufgehen lassen.

Zubereitung mit Backpulver:
Eine Packung Backpulver mit dem ganzen Mehl (je nach Angabe z. B. 250 g) und ca. ¼ Liter warmem Wasser vermischen, bis es nicht mehr an den Fingern kleben bleibt und in den Backofen geben.

Ich gebe ab und zu einen Esslöffel Rohrohrzucker vor dem Backen in den Teig, damit das Brot danach ein bisschen süßer schmeckt. Die Mehle allein können teilweise bitter schmecken.

Buchweizen-Quinoabrötchen mit Backpulver gebacken
glutenfrei

100 g Buchweizenmehl dunkel
100 g Quinoamehl
100 g Kartoffelmehl
1 Packung Backpulver
1 TL Rohrohrzucker
1 TL Agar Agar
⅛ Liter Wasser oder Hafermilch
(nach Belieben kann auch Soja-, Mandel- oder Reismilch verwendet werden)

Backrohr vorheizen

Die Mehle und 1 TL Agar Agar miteinander vermischen und den Teig wie in der Beschreibung „Zubereitung mit Backpulver“ backen.

Eine Packung Backpulver mit dem gesamten Mehl (je nach Angabe z. B. 250 g) und ca. ¼ Liter warmem Wasser vermischen, bis es nicht mehr an den Fingern kleben bleibt und in den Backofen geben.
Im Backrohr ca. 20 Minuten bei 180 Grad aufbacken.

Kastanienbrötchen mit Rosinen
glutenfrei

200 g Kastanienmehl
200 g Kartoffelmehl
1 TL Agar Agar
1 Handvoll Rosinen

1 Packung Backpulver

Backrohr vorheizen

Die Mehle, 1 TL Agar Agar und das Backpulver mit warmem Wasser verrühren und so lange (sanft) kneten, bis der Teig nicht mehr an den Fingern kleben bleibt. Den Teig nicht zu sehr zusammendrücken, er sollte eher weicher sein, damit die Brötchen dann innen schön luftig sind und besser aufgehen.

Anschließend die Rosinen mit einkneten und im Backrohr ca. 20 Minuten bei 180 Grad aufbacken.

Süßlupinenbrot (Süßlupine und Lupine haben einen sehr hohen Proteingehalt)
glutenfrei

200 g Süßlupinenmehl (z. B. von Govinda)
200 g Kartoffelmehl
1 Packung Backpulver
1 TL Agar Agar
1 EL Birkenzucker

Backrohr vorheizen

Die Mehle, 1 TL Agar Agar, den Zucker und das Backpulver mit warmem Wasser verrühren und so lange (sanft) kneten, bis der Teig nicht mehr an den Fingern kleben bleibt. Den Teig nicht zu sehr zusammendrücken, er sollte eher weicher sein. Ich habe beim Brotbacken die Erfahrung gemacht, dass das Brot besser wird, wenn man keine Backform verwendet, sondern das Brot einfach als großen Mehlklumpen aufs Backblech legt. Es wird dann innen noch luftiger und braucht nicht zu lange zum Backen.

Süßlupinen und Lupinen sind der Renner in der neuen modernen, gesunden Küche, da sie wie Quinoa und Amaranth eine sehr gute pflanzliche Eiweißquelle sind. Aus Lupinen werden häufig Fleischersatzprodukte und Kaffee gemacht. Lupinen sind glutenfrei und reich an Vitalstoffen, Mineralien und Aminosäuren.

Sojabrötchen
glutenfrei

200 g Sojamehl
200 g Reismehl
1 EL Sojaflocken
1 Packung Backpulver
1 TL Agar Agar
¼ Liter Reis- oder Sojamilch
1 EL Reissirup

Backrohr vorheizen

Sojaflocken mit den anderen Zutaten vermischen und unter „Zubereitung mit Backpulver“ bei 180 Grad ca. 30 Minuten backen.
Eine Packung Backpulver mit dem gesamten Mehl und ca. ¼ Liter warmen Wasser vermischen, bis es nicht mehr an den Fingern kleben bleibt und in den Backofen geben.

schwarze Belugalinsen mit Rotkraut, Orange & Nüssen
(Dressing ohne Öl, Salz, Zucker)

für 2 Personen

200 g schwarze Belugalinsen (mit schwarzer Quinoa schmeckt es auch ganz lecker)
1 Handvoll Rucolasalat
¼ Rotkraut
1 Orange
einige Haselnüsse

Dressing
1 TL weißes Mandelmus (z. B. von Rapunzel)
1 Zitrone
½ Orange
1 Dattel
1 Schuss Apfelessig

Die Belugalinsen kochen, bis sie weich, aber dennoch bissfest sind und anschließend kalt abschrecken oder auskühlen lassen. Den Rucolasalat waschen und gut abtropfen lassen. Das Rotkraut in kleine Streifen schneiden, waschen und gut trocknen.

Die Haselnüsse mit ein bisschen Wasser in einer Pfanne kurz anbraten und die Orange in kleine Stückchen schneiden. Für das Dressing alle Zutaten mixen.
Den Salat schön anrichten und mit dem Dressing gut vermischen. Zum Schluss die Orangenstückchen und Haselnüsse als Deko auf den Salat geben oder gut untermischen.

Cesar´s Salad mit Oliven und karamellisiertem Tofu
(Dressing ohne Öl, Salz, Zucker)

für 2 Personen

Salat
1 mittelgroßer Romanasalat
1 Handvoll schwarze Oliven
1 EL Rohrohrzucker zum Karamellisieren
1 Packung Tofu natur
Hefeflocken
wenig Kokos- oder Olivenöl (zum Braten)

Dressing
1 TL Dijon-Senf
1 Zitrone
1 EL Worchestersauce
1 EL Sojasahne

Das Kokos- oder Olivenöl in einer Pfanne erhitzen und den Rohrohrzucker darin zum Karamellisieren bringen. Den Tofu in Scheiben schneiden und in der Pfanne im Zucker scharf anbraten, damit er schön goldbraun und karamellisiert ist.
Den gewaschenen Salat zerteilen und in eine Schüssel geben.
Für das Dressing verwende ich wieder den Personal Blender:
Alle Zutaten durchmixen und anschließend mit dem Salat vermischen.
Zum Schluss ein paar Oliven und den Zitronensaft darüber und mit Hefeflocken bestreuen.

Der vegane Cesar´s Salad ist ein absoluter „Eventknaller“ und überrascht, da der klassische Cesar´s Salad durch das Dressing, die Hühnerstücke und den Käse doch sehr tierlastig ist!

weißer Quinoa-Salat mit Avocado & Superfoods Chlorella und Maulbeeren

(Dressing ohne Öl, Salz, Zucker)

für 2 Personen

200 g weisse Quinoa
1 Avocado
¼ Kohl
1 Handvoll Blattspinat
½ Zucchini
etwas Petersilie
ein paar Maulbeeren

Dressing
½ Orange
1 Kiwi
1 Zitrone
½ Avocado
1 TL Chlorella

Die Quinoa bissfest kochen (nicht zu weich) und anschließend mit kaltem Wasser abschrecken oder kalt stellen. Die Avocado in kleine Würfel oder Scheiben schneiden. Den Blattspinat, die Zucchini und Kohl kurz mit einem Schuss Wasser in der Pfanne schwenken, sodass es leicht angebraten ist. Man braucht kein Öl dazuzugeben. Die Petersilie klein schneiden und ein paar Blätter für die Deko aufheben.

Beim Dressing verwende ich wieder den Personal Blender von Keimling und mixe alle Zutaten schön durch, bis eine Creme entstanden ist. Alle Zutaten vom Salat mit dem Esslöffel Chlorella und dem Dressing vermischen.
Zum Schluss noch mit Zitronensaft beträufeln.
Zuletzt mit Petersilie bestreuen und die Maulbeeren darübergeben.

Avocado ist eine sehr fettreiche Frucht und besitzt viel Vitamin E, Vitamin A, Kalzium, Beta-Carotin, Biotin u. v. m.

Chlorella-Algen sind eine gute Vitamin-B-12-Nahrungsergänzung, reich an Mineralstoffen und sie leiten Schwermetalle aus unserem Körper aus.

Kohl gehört unter den Rohkost-Fans zu den nährstoffreichsten Lebensmitteln und wird gerne in Smoothies oder für Wraps verwendet. Kohl ist reich an Vitamin C, Proteinen, Antioxidantien und Vitalstoffen. Ein absolutes Muss in der gesunden Küche!

Maulbeeren gehören auch zu den Superfoods, da sie den höchsten Nährstoffanteil haben. Sie sollen entzündungshemmend wirken, sie stärken das Immunsystem, entgiften und sind reich an Vitalstoffen wie die Vitamine A, B und C.

Rucolasalat mit Erdbeeren und grünem Spargel
(Dressing ohne Öl, Salz, Zucker)

für 2 Personen

1 Packung Rucolasalat
1 Tasse Erdbeeren
5 -7 grüne Spargel
ein wenig Olivenöl

Dressing
½ Zitrone
3 Erdbeeren
frischer Orangensaft
1 TL Tahini oder Mandelmus

Den Rucolasalat und die Erdbeeren waschen und miteinander mischen.
Den Spargel weich, aber dennoch bissfest kochen und anschließend in einer Pfanne mit wenig Salz und Pfeffer im Olivenöl scharf anbraten und über den Salat geben.
Für das Dressing alle Zutaten miteinander mixen und dem Salat untermischen.

Feldsalat mit Feigen, Walnüssen und Gojibeeren
(Dressing ohne Öl, Salz und Zucker)

für 2 Personen

1 Packung Feldsalat
ein paar frische oder getrocknete Feigen
1 Handvoll Walnüsse
1 Handvoll Gojibeeren

Dressing:
Saft einer Zitrone
1 TL Ahornsirup
1 EL Apfelessig

Zuerst die Gojibeeren in Wasser ca. 20 Minuten einweichen.

Den gewaschenen Feldsalat mit den Walnüssen und den Feigen mischen. Für das Dressing die Zutaten miteinander verrühren und über den Salat geben. Zum Schluss die Gojibeeren darüberstreuen.

Walnüsse verträgt nicht jeder so gut. In der Rohkost-Küche weicht man die Nüsse auch immer einige Stunden ein, damit sie besser verdaulich sind. Sie schmecken auch sehr gut, wenn sie ca. 2–4 Stunden in Wasser eingeweicht wurden.
Generell kann bei Salatdressings auch einfach „nur“ Zitronensaft und Knoblauch mit ein bisschen Wasser püriert verwendet werden, da schmeckt man kaum, dass das Öl fehlt! Oder Mandelmus mit Zitronensaft!

Blattspinatsalat mit Mango

für 2 Personen

1 Handvoll Blattspinat
1 Mango
1 TL schwarzer Sesam

Dressing
1 TL Mandelmus
1 Schuss Aceto Bianco (Essig)
Saft einer halben Zitrone
1 Prise Rohrohrzucker

Den Blattspinat waschen, trockenschleudern und in einer Schüssel anrichten.
Die Mango in mundgerechte Stücke schneiden und im Salat verteilen.
Für das Dressing alle Zutaten miteinander pürieren und mit dem Salat vermischen.
Zum Schluss mit dem Sesam bestreuen.

Radicchio-Salat mit Schwarzkohl & Shitakepilzen

für 2 Personen

1 kleiner Radicchio-Salat
1 Handvoll Schwarzkohl
1 Handvoll Shitakepilze
2 TL Olivenöl
1 TL schwarzer Sesam
1 Prise Rohrohrzucker

Dressing
Saft einer Zitrone
1 TL Mandelmus
1 Schuss Aceto Bianco (Essig)
1 Prise Pfeffer

Den Schwarzkohl waschen, in dünne Streifen schneiden und ca. 3 Minuten mit 1 TL Olivenöl und einer Prise Rohrohrzucker in einer Pfanne goldbraun braten. Danach in eine Schüssel geben, beiseite stellen, damit es auskühlen kann. Den Radicchio-Salat waschen und in dünne Streifen schneiden, in der Salatschüssel anrichten.

Die Pilze in mundgerechte Stücke schneiden und mit 1 TL Olivenöl durchbraten.
Anschließend auskühlen lassen und mit dem Salat und dem Kohl vermischen.

Fürs Dressing alle Zutaten miteinander verrühren und im Salat untermischen, zuletzt mit dem schwarzen Sesam dekorieren.

auf dem Bild karamellisierter Schwarzkohl (den Kohl mit 1 TL Vollrohrzucker ca. 3 Minuten anbraten)

Kurkuma ist ein entzündungshemmendes Heilmittel und soll die Zähne und den Zahnschmelz stärken. Deshalb kann man mit Kurkuma seinen Mund ab und zu ausspülen. Auch Schwermetalle leitet es aus.

Suppen

Süßkartoffelsuppe mit Koriander very simple & sehr gut!

für 2 Personen

3 mittelgroße Süßkartoffeln
1 Prise Pfeffer
½ TL Kurkuma
ein wenig Koriander als Deko

Die geschälten Süßkartoffeln kochen, bis sie weich sind und anschließend cremig pürieren. Mit den Gewürzen abschmecken und als Deko den Koriander daraufsetzen.

Rote Rüben-Kartoffelsuppe mit Kokosmilch

für 2 Personen

1 Rote Rübe
3 mittelgroße Kartoffeln
2 EL Kokosmilch
1 Prise Pfeffer
ein wenig Petersilie für die Deko

Die Kartoffeln schälen und kochen, bis sie weich sind. In einem separaten Topf die geschälte und in kleine Stücke geschnittene Rote Rübe auch weich kochen. Dann beides zusammen mit dem Pürierstab cremig pürieren. Anschließend mit der Kokosmilch und ca. ¼ Liter Wasser vermischen und gut umrühren.
Mit dem Pfeffer verfeinern und als Deko ein Blatt Petersilie daraufsetzen.

Grüne Mungobohnen-Currysuppe

für 2 Personen

200 g grüne Mungobohnen (z. B. von Rapunzel oder Alnatura)
3 große Kartoffeln
1 TL Currypulver (z. B. von Sonnentor)
1 TL Kurkuma
ein wenig frischer Koriander
1 EL Kokosmilch
1 Prise Pfeffer

Die Mungobohnen ca. 2 Stunden in Wasser einweichen, dann mit den (geschälten) Kartoffeln kochen, bis sie weich sind und mit Currypulver, Kokosmilch und Pfeffer abschmecken und kurz vor dem Anrichten den frischen Koriander dazugeben.

Kürbis-Kokossuppe mit Amaranthpuffer

glutenfrei

für 2 Personen

Suppe
1 Hokkaidokürbis (ca. 1 kg)
3 mittelgroße Kartoffeln
50 ml Kokosmilch
1 TL Kurkuma
1 Prise Pfeffer

Puffer
ca. 50 g Amaranth
1 TL Kokosflocken
1 TL Reissirup
1 TL Kokosöl

Backrohr vorheizen

Amaranth kochen, bis er bissfest ist. Wenn der Amaranth fertig gekocht ist, mit den Kokosflocken vermischen und abkühlen lassen. (Amaranth kocht man wie Reis oder Quinoa.)
Den Kürbis aufschneiden und das Gehäuse mit einem Küchenmesser oder Löffel entfernen, in kleinere Stücke aufteilen und weich kochen. Hokkaidokürbis kann man mit gekochter Schale essen. Die Kartoffeln schälen und ebenfalls mitkochen. Anschließend die Temperatur kleinerstellen und die Kokosmilch und den Kurkuma mit der Prise Pfeffer hinzugeben. Alles gut verrühren.
Den Amaranth mit dem Reissirup vermischen und mit der Hand zu einem ca. 1 cm dicken Puffer formen und im Backrohr für 20 Minuten bei 180 Grad knusprig backen.

Hauptgerichte

Thai

In Asialäden oder Biosupermärkten gibt es Currypasten, die sich gut für thailändische Gerichte wie Suppen oder Woks eignen.

Mango-Papayasalat mit Ingwer-Chili-Dressing

für 2 Personen

1 Frühlingszwiebel
1 Karotte
1 Gelbe Rübe
1 Mango
½ Papaya
ein paar Erdnusskerne
1 Handvoll frische Thai-Basilikumblätter

Dressing
1 EL Sojasauce
1 TL Reissirup
Saft einer Limette
1 Ingwerknolle
1 Chilischote

Die Mango, Papaya, Karotte, Rübe, Zwiebel und die Basilikumblätter in dünne Streifen schneiden und vermischen.
Für das Dressing alle Zutaten in einer kleinen Schüssel mit einem Löffel verrühren.
Die Chilischote entkernen und in kleine Streifen schneiden, dem Dressing untermischen.
Die Ingwerwurzel am besten mit ein bisschen Wasser pürieren und dazurühren.
Die Erdnusskerne klein hacken und zum Schluss über den Salat streuen.

Gemüse-Hirse-Pfanne mit Kichererbsen & Basilikum
glutenfrei

für 2 Personen

200 g Hirse
3 EL Tomatenmark
1 TL Paprikapulver süß
1 TL Sojasahne
100 g Kichererbsen frisch (einen Tag vorher für 12 Std. in Wasser einweichen)
1 Zucchini
½ Rotkraut
10 Champions
frisches Basilikum
1 TL Olivenöl
1 Prise Pfeffer

Die Hirse und die Kichererbsen waschen und getrennt voneinander kochen, bis sie weich sind.
Das Tomatenmark mit dem Paprikapulver und der Sojasahne in einer Pfanne mit ein bisschen Wasser flüssig machen und köcheln. Das geschnittene Gemüse und die Kichererbsen im Olivenöl in einer anderen Pfanne scharf anbraten, wenig pfeffern und anschließend mit der Sauce vermischen. Zum Schluss das frische Basilikum darüberstreuen.

Linsen-Dal mit Naturreis und Pak Choi

glutenfrei

für 2 Personen

200 g gelbe Linsen
200 g Naturreis
3 Pak Choi-Blätter
2 EL Kokosmilch
frischer Koriander
1 TL Currypulver (z. B. von Sonnentor)
1 TL Kurkuma
1 Prise Pfeffer
1 TL Kokosöl zum Braten

Die Linsen und den Reis waschen und getrennt kochen, bis beides weich aber bissfest ist. Die Linsen anschließend mit der Kokosmilch und den Gewürzen vermischen. Die Pak Choi-Blätter in mundgerechte Streifen schneiden und in einer Pfanne scharf anbraten. Kurz vor dem Anrichten den Linsen frischen Koriander beigeben.

Grünes Mungobohnen-Curry mit Okra-Schoten

glutenfrei, Rezept ohne Öl

für 2 Personen

250 g grüne Mungobohnen (z. B. von Rapunzel oder Alnatura)
5-7 Okra-Schoten
1 Zucchini
1 Gelbe Rübe
½ weiße Zwiebel
1 TL Currypulver (z. B. von Sonnentor)
1 TL Kurkuma
½ TL rotes Paprikapulver süß
1 EL Tomatenmark
frischer Koriander
1 Prise Pfeffer

Die Mungobohnen ca. 2 Stunden in Wasser einweichen. Danach ca. 30 Minuten kochen, bis sie weich werden. Inzwischen den Zwiebel klein schneiden und in einem Topf oder einer Pfanne goldbraun braten (nur mit wenig Wasser). Die Zucchini und die Gelbe Rübe klein schneiden und zu der Zwiebel dazugeben. Auch die Okra-Schoten können jetzt schon mitgebraten werden.
Mit wenig Wasser ablöschen und danach das Tomatenmark dazugeben. Wenn die Mungobohnen weich sind, das Wasser zum Gemüse geben und alles verrühren. Mit Kurkuma, Pfeffer und Currypulver nachwürzen. Zum Schluss noch mit frischem Koriander bestreuen.

Thai-Basilikum-Wok mit Tempeh und Superfoods Maulbeeren

für 2 Personen

1 Bund grüne Schlangenbohnen
1 Bund Thai-Basilikum
½ rote Zwiebel
2 Chilischoten
1 Knoblauch
2 EL Austernsauce
3 EL Sojasauce
1 EL Rohrohrzucker
1 EL Kokosöl
Saft einer Limette
1 Packung Tempeh á 150–250 g
3 Knoblauchzehen
1 Ingwerknolle
ein paar Maulbeeren

Zuerst eine Marinade für den Tempeh machen
2 Knoblauchzehen zerdrücken und die Hälfte der Ingwerknolle mit ein bisschen Wasser und mit einem EL Sojasauce und 1 EL Zitronensaft vermischen. Den Tempeh darin einlegen und über Nacht im Kühlschrank aufbewahren.

Wok
1 EL Kokosöl in der Pfanne erhitzen, die Zwiebel klein schneiden und mit den Schlangenbohnen scharf anbraten.
Mit 1 EL Rohrohrzucker karamellisieren.
Dann den Tempeh und die Chilischote (Chili entkernen) in kleine Streifen schneiden und mit dem ebenfalls klein geschnittenen Knoblauch mitbraten. Dann mit der Soja- und Austernsauce und wenig Wasser ablöschen.
Zum Schluss den Limettensaft mit der Ingwerknolle pürieren und dem Wok hinzugeben.
Als Deko dann noch ein paar Maulbeeren und Basilikumblätter über das Gericht geben.

Tempeh hat einen sehr hohen Nährwert an Proteinen und Ballaststoffen!

Gemüse-Stew mit Kartoffeln und Kürbis
glutenfrei

für 2 Personen

ca. 1 kg Hokkaidokürbis
1 kg Kartoffeln
2 Zucchini, ½ Melanzani
1 Brokkoli
5 Zuckerschoten
2 EL Tomatenmark
1 Prise Pfeffer,
Paprikapulver, Kurkuma und Cayennepfeffer (z. B. von Sonnentor)

Die Kartoffeln schälen und in einem großen Topf so lange kochen, bis sie noch nicht ganz weich sind.
Den geschälten Kürbis ohne Gehäuse in kleinere Würfel schneiden und mit den halbgaren Kartoffeln mitkochen.
Die Zucchini, Melanzani, die Zuckerschoten und den Brokkoli erst gegen Schluss dazugeben, damit sie bissfest bleiben.
Mit dem Tomatenmark und einem Schuss Wasser köcheln lassen und mit den Gewürzen abschmecken.

Schwarze Quinoa mit Erdnuss-Satay, Kokossauce & Koriander
glutenfrei

für 2 Personen

200 g schwarze Quinoa
einige Erdnüsse
1 TL Erdnusscreme (z. B. von Rapunzel)
½ weiße Zwiebel
1 Zitrone
1 TL Rohrohrzucker
125 ml Kokosmilch
frischer Koriander
1 TL Kurkuma
Pfeffer, Salz
wenig Kokosöl zum Braten
nach Belieben: „Thai Curry Paste“ (z. B. von Arche)

Ich kann eine gute Curry-Paste empfehlen: Thai Curry Paste von Arche.
Die Paste gibt's im Bioladen!

Die Quinoa bissfest kochen. Die Zwiebel mit wenig Kokosöl in der Pfanne anbraten. Die Erdnüsse mit einem Mörser klein stampfen und zu der Zwiebel in die Pfanne geben. Danach mit ein paar Tropfen Zitronensaft ablöschen und die Kokosmilch dazugeben. Gut verrühren, die Erdnusscreme hinzugeben und mit Kurkuma, Salz, Pfeffer und Rohrohrzucker nachwürzen. Wer mag, kann noch einen Teelöffel Thai Curry Paste dazugeben.

Die Sataysauce der Quinoa untermischen und ev. noch ein paar Tropfen Zitronensaft darübergießen.
Zuletzt den Koriander als Deko oben draufsetzen.

Schwarze Quinoa mit Blattspinat, Zuckerschoten, Haselnüssen & Granatapfel
glutenfrei

für 2 Personen

200 g schwarze Quinoa
1 Handvoll Blattspinat
5-7 Zuckerschoten
ein paar Haselnüsse
ein paar Granatapfelkerne
1 TL Kokosfett
2 EL Cashewcreme (z. B. von Rapunzel oder selbstgemacht)
¼ Orange

Die Quinoa kochen, bis sie weich, aber dennoch bissfest ist.
Wenig Kokosfett in der Pfanne erhitzen und den Spinat und die Zuckerschoten darin knackig braten.
Die Haselnüsse mit einem Messer in kleine Stückchen zerteilen und mitbraten.
Alles mit der Quinoa vermischen.

Für die Sauce die Cashewcreme mit einem kleinen Schuss Wasser mit der Quinoa verrühren.
¼ Orange direkt über das Gericht ausdrücken oder vorher auspressen und untermischen.
Zum Schluss werden die Granatapfelkerne drüber verteilt. Das ergibt einen besonderen Geschmackseffekt.

Man kann das Gericht sowohl kalt als Salat als auch warm essen.

Cashewcreme selbstgemacht: Cashewnüsse mit einer Medjoul-Dattel und ein bisschen Wasser mixen.

Granatapfel ist reich an Flavonoiden (antioxidative Wirkungen, die unsere Zellen schützen), Vitamin C, Eisen, Kalzium und Kalium.

Rote Rüben-Kokos-Kartoffel-Puffer mit grünem Salat
(saisonabhängig mit Löwenzahn zum Salat)
glutenfrei, (Dressing ohne Öl, Salz und Essig)

für 2 Personen

2 Rote Rüben
½ kg Kartoffeln
1 EL Kartoffelstärke
1 Handvoll Kokosflocken
1 TL Kokosöl
grüne Blattsalate wie z. B. Feld-, Batavia- und Häuptelsalat
frische Löwenzahnblätter (ohne Blüte und am besten jungen Löwenzahn verwenden, ohne Milchsaft in den Blättern)

Dressing
½ Zitrone
½ TL Mandelmus
½ TL Rohrohrzucker

Die Kartoffeln schälen und kochen, bis sie weich sind. Die rohen Roten Rüben mit einer Reibe in dünne Streifen reiben oder kurz im Mixer klein hacken. Wenn die Kartoffeln fertig gekocht sind, kalt abschrecken und mit den Roten Rüben und der Kartoffelstärke mit den Händen zu Laibchen formen. Danach entweder im vorgeheizten Backrohr knusprig backen oder mit wenig Kokosöl in der Pfanne beidseitig braten.

Den Salat und die Löwenzahnblätter waschen und in einer Schüssel schön anrichten.
Fürs Dressing die Zutaten z. B. im Personal Blender cremig pürieren oder mit dem Löffel gut vermischen.
Kurz vor dem Verzehr Kokosflocken über die Laibchen streuen.

Löwenzahn ist sehr gesund und reich an Chlorophyll, Vitaminen und Mineralstoffen. Die Löwenzahnblätter sind ideal als Salat oder als Zutat im grünen Smoothie. Ich nehme immer die Blätter, die innen am wenigsten weiße Milch haben.

Thailändische Pilzpfanne mit Mangold & Cashews
glutenfrei

für 2 Personen

1 Handvoll Shitakepilze, Champions und Steinpilze
1 Mangold
2 Chilischoten
2 EL rote Currypaste
1 rote Zwiebel
2 EL Sojasauce
Saft einer Zitrone
1 Ingwerknolle
1 Handvoll Cashews
1 EL Kokosöl
ein paar Korianderblätter

Zuerst die Ingwerknolle mit dem Zitronensaft und wenig Wasser pürieren.
Die Zwiebel klein schneiden und mit den geputzten Pilzen mit Kokosöl in der Pfanne scharf anbraten.
Die Chilischoten entkernen, in kleine Streifen schneiden und in die Pfanne geben.
Auch den Mangold in mundgerechte Streifen schneiden und mitbraten. Dann die Currypaste dazugeben und mit der Sojasauce und der Zitronen-Ingwersauce ablöschen.
Die Cashews separat in einer Pfanne mit wenig Kokosöl scharf anbraten.
Wer mag, kann sie auch mit einem TL Rohrohrzucker karamellisieren und zum Schluss über das Wokgericht geben.
Zum Schluss den Koriander untermischen.
Als Beilage kann z. B. glutenfrei rote Quinoa, Wildreis oder Basmatireis serviert werden.

Gemüse-Kokoscurry mit Wildreis
glutenfrei

für 2 Personen

1 Brokkoli
1 Handvoll Thai-Basilikum
2 Karotten
1 Gelbe Rübe
2 EL gelbe Currypaste
200 ml Kokosmilch
Kokosflocken oder -streusel
1 TL Kokosöl
1 Packung Wildreis

Den Wildreis kochen, bis er weich, aber dennoch bissfest ist. Man kann ihn auch roh zubereiten, indem man ihn einfach in Wasser eingeweicht und ca. 10 Stunden in sich aufgehen lässt. Das Gemüse klein schneiden und im Kokosöl in einer Pfanne oder im Wok braten.
Dann das Gemüse und die Currypaste hinzugeben und mit der Kokosmilch ablöschen.
Zum Schluss das Thai-Basilikum und die Kokosflocken untermischen.

Weizen-Tortillas mit Gemüse und Guacamole oder Soja-Dip

für 2 Personen

Tortillas
250 g Weizenmehl Type 550
2 EL Olivenöl

Füllung
2 Zucchini oder Melanzani
etwas Rotkraut
ein paar schwarze, entkernte Oliven
braune Bohnen (vor der Zubereitung 12 Stunden einweichen)
2 Tomaten
1 Rucolasalat
1 Knoblauchzehe
½ rote Zwiebel
2 EL Olivenöl

Guacamole
1 Avocado
wenig rote Zwiebel
½ Tomate
1 Limette

Sojadip
2 EL Sojasahne
wenig Schnittlauch

Die Bohnen zuerst kochen, bis sie weich sind und anschließend auskühlen lassen.

Für die Guacamole die Avocado schälen, entkernen und mit allen anderen Zutaten im Mixer mixen. Wenn man die Guacamole nicht zu cremig haben möchte, können die Zutaten auch mit einer Gabel zerdrückt und vermischt werden und die Tomaten und den Zwiebel kleingeschnitten dazu.

Das Weizenmehl mit ca. ¼ Liter Wasser und 1 EL Olivenöl vermischen, bis an den Händen nichts mehr kleben bleibt. Auf eine bemehlte Unterlage dünn ausrollen und in der Pfanne mit dem Olivenöl kurz auf beiden Seiten anbraten. Das Gemüse für die Füllung kann entweder auch kurz scharf angebraten - oder roh als Füllung dazugegeben werden, je nach Belieben.

Für den Dip Schnittlauch klein schneiden und mit der Sojasahne und einem Schuss Limettensaft vermischen.

gegrillter Gemüseteller mit Chiasamen

für 2 Personen

1 Bund kleiner grüner Spargel
1 Bund kleine Karotten
1 Handvoll Brokkoli
1 Tasse Shiitake
1 Knolle Knoblauch
1 Schuss Olivenöl
je 1 Prise Pfeffer und Salz
1 TL Chiasamen
wenig Zitronensaft

Das Gemüse und die Pilze in einer Pfanne im Olivenöl scharf anbraten und mit Salz und Pfeffer würzen. Zum Schluss den Knoblauch in Streifen schneiden und mit dem Gemüse noch kurz mitbraten. Knoblauch wird bitter, wenn er zu lange gebraten wird, deshalb immer erst zum Schluss dazugeben.

Zuletzt mit Zitronensaft beträufeln und mit den Chiasamen bestreuen.

Shiitake Pilze

Chili sin Carne mit Guacamole & Nachos (mild oder scharf)
glutenfrei

für 2 Personen

Chili
1 Packung Sojaschnetzel (z. B. von Alnatura oder Rapunzel)
3 EL Tomatenmark
½ rote Zwiebel
1 Glas Mais (z. B. von Alnatura)
1 Glas Kidneybohnen (z. B. von Alnatura)
Salz, Pfeffer
frischer Chili oder Chilipulver (z. B. von Sonnentor)
1 TL Kokosöl

Maischips

Guacamole
1 Avocado
wenig rote Zwiebel
½ Tomate
1 Limette

Zuerst das Sojaschnetzel in warmem Wasser ca. 15 Minuten quellen lassen.
Ein wenig Kokosöl in der Pfanne erhitzen und die Zwiebel darin anbraten.
Dann das Sojaschnetzel gut abtropfen lassen und mit der Zwiebel goldbraun knackig braten.
Die Kidneybohnen und den Mais (gewaschen und gut abgetropft) auch dazugeben.
Mit Tomatenmark und einem Schuss Wasser cremig rühren. Die Konsistenz kann je nach Belieben mehr oder weniger cremig sein.
Mit Salz, Pfeffer und frischem Chili würzen.

Für die Guacamole die Avocado schälen und entkernen und alle Zutaten z. B. im Personal Blender von Keimling zusammenmixen. Wenn man die Guacamole nicht zu cremig haben möchte, können die Zutaten auch mit einer Gabel vermischt werden und die Tomaten und den Zwiebelkleingeschnitten dazu.
Mit den Maischips anrichten.

Naturreisnudeln in Currysauce mit Shitakepilzen, Schwarzkohl und Koriander
glutenfrei

für 2 Personen

1 Packung á 250 g Brown Rice Nudeln (Penne oder Spiralen) von Felicia (bio)
1 Handvoll Shitakepilze
1 Handvoll Schwarzkohl (in Streifen geschnitten)
1 TL schwarzer Sesam
1 TL Currypulver (z.B. von Sonnentor)
1 TL Kurkuma
1 TL Paprikapulver süß (z. B. von Sonnentor)
50 ml Kokosmilch
1 Prise schwarzer Pfeffer
2 EL Olivenöl

Die Nudeln kochen, bis sie weich sind. Den Schwarzkohl in dünne Streifen schneiden und mit 1 TL Olivenöl scharf anbraten (ca. 5 Minuten). Danach in einer Schüssel einstweilen beiseitestellen. Die Pilze ebenfalls in Streifen schneiden und mit dem restlichen Olivenöl goldbraun braten. Mit einer Prise Pfeffer verfeinern.

In einer separaten Pfanne oder in einem Topf die Sauce zubereiten:
Dafür zuerst die Kokosmilch als flüssige Grundlage erwärmen, dann Kurkuma, Curry - und Paprikapulver dazumischen. Kurz aufkochen lassen und die Nudeln unterrühren. Zum Schluss die Pilze und den Kohl dazugeben oder wie auf dem Bild auf die Nudeln legen. Mit dem schwarzen Sesam dekorieren.

oder als Salat

Naturreisnudel-Salat mit Avocado, Shitakepilzen, Blattspinat und Koriander
glutenfrei

für 2 Personen

1 Packung á 250 g Brown Rice Nudeln (Penne oder Spiralen) von Felicia (bio)
1 Avocado
1 Handvoll Blattspinat
1 Handvoll Korianderblätter
1 Tasse Shitakepilze
1 TL Sesam
1 TL Olivenöl

Dressing
Saft einer Zitrone
1 TL Mandelmus
1 Schuss Aceto Bianco (Essig)
½ TL Rohrohrzucker
1 Prise Pfeffer

Die Nudeln kochen, bis sie weich, aber dennoch bissfest sind und anschließend kalt abschrecken. Die Pilze mit dem Olivenöl in der Pfanne goldbraun braten und kalt stellen. Den Blattspinat in dünne Streifen schneiden und die Avocado in mundgerechte Stücke. Alle Zutaten dann miteinander vermischen.
Für das Dressing alle Zutaten cremig pürieren und mit dem Salat anrichten.
Mit dem Sesam dekorieren.

Pizza Delicious mit Buchweizenmehl
glutenfrei

für 1 Person

Boden
100 g helles Buchweizenmehl (oder Weizenmehl Type 550, ohne Kartoffelmehl)
100 g Kartoffelmehl
½ Packung Backpulver (oder nach Belieben mit Hefe backen: Trockenhefe, Hefewürfel)

Sauce
2 EL Tomatenmark

Belag
1 EL Pizza„käse" (z. B. von Veggi Filata)
1 Handvoll Rucolasalat
einige schwarze Oliven

Backrohr vorheizen

Zubereitung mit Backpulver
Eine Packung Backpulver mit dem gesamten Mehl und ca. ¼ Liter warmem Wasser vermischen, bis es nicht mehr an den Fingern kleben bleibt. Auf einer bemehlten Unterlage dünn ausrollen und dann in den Backofen geben.

Ca. 15 Minuten bei 180 Grad aufbacken und 5 Minuten vor dem Ende die Pizza kurz aus dem Ofen nehmen, um sie mit dem Tomatenmark zu bestreichen und den „Käse" darauf zu verteilen.

Zuletzt mit dem Rucolasalat und den Oliven belegen.

Beim Sugo habe ich alles offen gelassen. Man kann dazu getrocknete Tomaten, Oliven, Tomatenstücke, Basilikum u. s. w. nehmen.
Ich habe das Sugo neutral am liebsten, da ich lieber auf der Pizza die Geschmackseffekte habe und die Zutaten frisch und nicht erhitzt haben möchte.

Desserts

Schoko-Muffins mit getrockneten Erdbeerstückchen

100 g Weizenmehl
1 EL Rohrohrzucker
2 EL roher Kakao
⅛ Liter Sojamilch (je nach Belieben, klappt auch gut nur mit Wasser)
1 Packung Backpulver
1 Prise Vanillepulver
1 Rippe von einer veganen Fairtrade-Schokolade
4 Erdbeeren

Die Erdbeeren in Stücke schneiden und ca. 5 Stunden im Dehydrator dörren lassen, bis sie wie Chips getrocknet sind. Wer kein Dörrgerät hat, kann im Sommer die Erbeeren im Garten ein paar Stunden in der Sonne oder in der Wohnung im Backrohr mit einem Löffel zwischen Backrohr und Backrohrtüre bei ca. 60 Grad 1 Stunde trocknen lassen.
Das Weizenmehl mit dem Zucker, der Sojamilch, dem Back- und Vanillepulver miteinander vermischen. Die Schokolade in kleine Stückchen brechen und mit den Erdbeeren zur Kuchenmasse dazugeben.

Die Teigmasse in Muffinformen im vorgeheizten Backrohr bei ca. 180 Grad 15 Minuten aufbacken.
Auskühlen lassen.

Panna Cotta aus Kokos mit Superfood Acerola

für 2 Personen

200 ml Sojasahne
100 ml Kokosmilch
½ TL Agar Agar
1 TL Rohrohrzucker
1 Vanilleschote
1 TL Kokosstreusel

Acerolasauce
1 Packung à 100 g Acerola von ACAI (600 g in 6 Päckchen)

Die Vanilleschote auskratzen, mit den anderen Zutaten für die Panna cotta verrühren (außer die Kokosstreusel) und in einem kleinen Topf aufkochen und 5 Minuten köcheln lassen. Danach in kleine Back- oder Dessertformen füllen, auskühlen lassen, mit den Kokosstreusel vermischen und für ca. 3 Stunden im Kühlschrank fest werden lassen.

Für die Acerolasauce das Päckchen auftauen und mit der Panna cotta anrichten.

Regenboden-Torte

Boden
500 g Weizenmehl
1 Packung Lebensmittelfarben (z. B. von BIOVEGAN)
1 Packung Backpulver
1 Packung Vanillezucker
2 EL Vollrohrzucker
4 EL Marillenmarmelade

Hülle
2 EL Sojasahne „Cre Soy“ von Natumi (200ml)
1 EL Vollrohrzucker
⅛ Liter Orangensaft
150 g Alsan (pflanzliche Margarine)
Lebensmittelfarbe (z. B. lila)

Deko
z. B. Nonpareilles oder Zuckerstreusel bunt gemischt von BIOVEGAN

Backrohr vorheizen

Pro Farbe 100 g Mehl mit einer Lebensmittelfarbe und Backpulver (aufgeteilt für 5 Portionen) mit Wasser mischen, bis der Teig weich ist, aber gut zu formen bleibt und nichts mehr an den Händen kleben bleibt.
In eine Springform geben mit z. B. 20 cm Durchmesser und bei 180 Grad ca. 15 Minuten aufbacken.

Die Höhe des jeweiligen Kuchens soll ca. 3 cm aufgebacken ausmachen. Diesen Vorgang mit allen 5 Lebensmittelfarben durchführen.
Anschließend auskühlen lassen und dann zwischen die Böden Marillenmarmelade aufstreichen.

Für die Hülle alle Zutaten cremig pürieren und die Torte damit einstreichen (umhüllen).
Oben kann es ein bisschen dicker sein. Dann die Torte am besten für 2 Stunden in das Gefrierfach stellen, damit die Creme hart wird.

Die farbigen Streusel (oder eine andere Deko) halten am besten, wenn man die Torte nach einiger Zeit aus dem Gefrierfach nimmt und sie damit bestreut, kurz bevor die Hülle komplett hart geworden ist. So halten sie dann besser.

glutenfreier Kakao-Guglhupf

100 g helles Buchweizenmehl
2 EL Rohrohrzucker
2 EL roher Kakao
1 Packung Backpulver
1 Prise Vanillepulver

Kakaoglasur
1 TL Rohrohrzucker
1 Packung Tortenguss von BIOVEGAN
2 EL roher Kakao

Dekorherzen von BIOVEGAN

Backrohr vorheizen

Alle Zutaten miteinander vermischen und mit ca. ⅛ Liter lauwarmem Wasser kneten, bis der Teig klebrig ist. Die Teigmasse in eine Form geben und im vorgeheizten Backrohr bei ca. 180 Grad 15 Minuten aufbacken.

Auskühlen lassen!

Für die Kakaoglasur alle Zutaten miteinander gut vermischen, sodass die Glasur klar ist und keine Kakaobröckchen mehr sind. Anschließend über den Guglhupf verteilen und für ca. 2 Stunden in den Kühlschrank stellen.

Nach ca. 1 Stunde, wenn die Glasur noch nicht ganz fest ist, die Dekorherzen darauf verteilen, damit sie auf der Glasur kleben bleiben.

Zum Schluss mit Kakaopulver bestreuen.

Tiramisu

für 4 Personen

250 g Seidentofu (z. B. von Taifun)
2 EL Sojasahne „Cre Soy" von Natumi (200 ml)
125 g Alsan (vegane Margarine)
½ Packung veganer Zwieback (z. B. von SOMMER Dinkelzwieback)
1 große Tasse Espresso
Orangensaft von einer Orange
1 EL Birkenzucker zum Süßen
1 EL Kakaopulver zum Bestreuen
ev. ein Schuss Amaretto

Einen Espresso zubereiten und kalt stellen.
Die Margarine auf kleiner Flamme zerlassen.
Dann den Tofu, die Margarine, den Orangensaft und den Zucker mit einem Pürierstab cremig pürieren.

Den Kaffee in eine Schüssel geben (wenn gewünscht mit Amaretto) und die Zwiebackscheiben kurz eintauchen und als Boden in eine Backspringform einlegen. Dann die Creme als nächste Schicht darüberstreichen und so bis zu drei Ebenen aufschichten.
Das fertige Tiramisu am besten über Nacht in den Kühlschrank stellen und am nächsten Tag noch vor dem Verzehr für 1 Stunde ins Gefrierfach geben. Zum Schluss noch mit Kakao bestreuen.

Birkenzucker (Xylit) als Alternative hat 40% weniger Kalorien als herkömmlicher Zucker und wirkt positiv auf die Zähne gegen Karies und stärkt den Zahnschmelz.

Raw (Rohkost)

Frühstück

Mandel-Pudding mit Superfoods Chiasamen und Himbeeren

für 2 Personen

2 EL Chiasamen
2 Datteln zum Süßen
ein paar Himbeeren
Kokosflocken

selbstgemachte Mandelmilch
ca. 200 g Mandeln
1 Stofftuch mit feinen Poren
(im Bioladen oder DM erhältlich)
1 feines Sieb
1 Schüssel oder hohes Glas

Die Mandeln mit ca. 1 Liter Wasser über Nacht einweichen (10 Stunden) und am nächsten Tag mit ca. ½ Liter warmem Wasser z. B. im Personal Blender cremig mixen.

Danach das mit dem Stofftuch bedeckte Sieb in die Schüssel hängen und die Masse darauf abtropfen lassen. Zum Schluss kann man eine Kugel formen und das Stofftuch so zusammenbinden, dass noch mehr Flüssigkeit abtropft.
Fertig ist die Mandelmilch!

Die Chiasamen über Nacht in einem Glas mit der Mandelmilch einweichen, damit die Chiasamen schön aufgehen. Am nächsten Tag 2 Datteln mit ein wenig Wasser mixen und dazumischen.

Zum Schluss die Himbeeren darüber anrichten und mit Kokosflocken bestreuen.

Kakao raw mit Superfoods

für 2 Personen

1 EL roher Kakao
1 TL Carob
mit Wasser oder Mandelmilch
(nach Belieben)
2 Bananen
1 Messerspitze Maca
1 Messerspitze Baobab
1 TL Rawlicious
2 Datteln
ein paar Kakaonibs

Rawlicious ist ein Nahrungsergänzungsmittel, das aus ca. 80% Protein aus braunem Reis besteht.
Alle Zutaten bis auf die Kakaonibs mixen.
Diese als Verzierung oben draufsetzen.

Roher Kakao mit Chiasamen und Kokosmilch

für 1 Person

¼ Liter frischer Kokosnusssaft (z. B. von einer Trink-Kokosnuss)
1 EL roher Kakao
1 EL Chiasamen
½ Banane

Alle Zutaten miteinander mixen oder pürieren und über Nacht im Kühlschrank in einem Glas einweichen lassen.
Wer es flüssiger mag, fügt noch etwas Wasser hinzu.

Trink-Kokosnuss mit exotischem Fruchtsalat und Superfoods

für 2 Personen

Salat
1 Drachenfrucht
1 Ananas
1 Zuckermelone
2 Tamarillos
1 Banane
1 Tasse Heidelbeeren

Bananencreme Topping
2 Bananen
1 Dattel
1 Messerspitze Erdmandeln

Alle Zutaten miteinander pürieren

1 Trink Kokosnuss, Superfoods: Gojibeeren und Granatapfel

die Spitze der Trink-Kokosnuss (ca. die ersten 5 cm) vorsichtig wegschneiden und den köstlich erfrischenden und gesunden Saft in ein Glas geben und nach Belieben mit einem Strohhalm (es gibt Bio- Strohhalme aus Stroh) anrichten.

Die Zutaten für den Fruchtsalat auf einen Teller geben und mit dem Bananen Topping vermischen.

Essener Brot mit Sprossen-Frühlingssalat und Weizengrassaft (je nach Saison mit Löwenzahn)
(Salatdressing ohne Öl, Salz, Zucker)

Essener Brot
Weizensamen (z. B. von Alnatura)
Olivenöl
Himmalaya Kristallsalz

Salat
grüne Blattsalate, Sprossen, Löwenzahn, Sesam

Dressing
Kiwi
Zitrone
Ingwer
Grapefruit

Essener Brot Zubereitung

Je nach Belieben können folgende Samen gekeimt werden:

- Alfafa
- Amaranth
- Buchweizen
- Dinkel
- Gerste
- Hafer
- Hanfsamen
- Kichererbsen
- Linsen
- Mungobohnen
- Roggen
- Sesam
- Sojabohnen
- Weizen

Keime haben einen sehr hohen Nähr- und Vitalstoffanteil sowie Proteine und Vitamine, die sich während dem Keimen entwickeln. Aus den Keimen entstehen danach die Sprossen, die man zum Salat, zu Nudeln oder wie Brunnenkresse als Brotbelag essen kann.

Ich habe in dem Rezept Weizen genommen, da ich auch mit Weizen meinen Weizengrassaft mache und dafür mehr Samen gleichzeitig einweiche.

Der Weizen wird über Nacht (für ca. 12 Stunden) in einem Keimglas eingeweicht.
Danach 2-3 Mal mit Wasser spülen und abseihen.
Wenn kein Wasser mehr abrinnt, die Samen aber noch nass sind, das Keimglas umdrehen und über Nacht stehen und keimen lassen. Am nächsten Tag den Vorgang wiederholen! Am 3. Tag kann man schon die ersten Sprösslinge heranwachsen sehen.
Ich nehme die Keime am 4. oder 5. Tag heraus, um sie zu Brot weiterzuverarbeiten.
Die Keime mit dem Olivenöl und dem Salz mixen, bis eine nicht zu weiche Creme entstanden ist. Jetzt können mit den Händen kleine Brötchengeformt werden. Man kann auch den gesamten Teig flachdrücken.
Wer einen Excalibur oder ein anderes Dörrgerät zu Hause hat, trocknet das Brot darin für ein paar Stunden, bis es bissfest ist.
Man kann die Brötchen auch auf ein Blech legen und im Backrohr, ein Messer zwischen Ofentür und Backofen eingeklemmt, bei ca. 50 Grad ein paar Stunden trocknen lassen.

Fürs Dressing alle Zutaten mixen, mit dem Salat vermischen und schön anrichten.

Weizengrassaft

Die Zubereitung ist die gleiche wie beim Essener Brot bis zum 3. Tag:

Es werden ca. 50 g Weizensamen mit der doppelten Menge Wasser über Nacht (ca. 12 Stunden) im Keimglas eingeweicht.
Danach die Samen im Keimglas mit Wasser 2-3 Mal gut durchspülen und das Wasser ausschütten. Wenn kein Wasser mehr abrinnt, das Keimglas umdrehen und über Nacht stehen und keimen lassen. Am nächsten Tag den Vorgang wiederholen!

Am 3. Tag kann man schon die ersten Sprösslinge heranwachsen sehen und das ist ein guter Zeitpunkt, um die Samen in die Erde zu geben.

Ein Tipp für den Kauf der Erde: Bio-Erde ist meistens mit Hornmehl oder Hornspäne vermischt! Es war nicht einfach, eine Bio-Erde zu finden, die ohne Hornmehl vermischt ist. Ich habe mich dann für eine Blumenerde ohne Torf mit mineralischem Dünger entschieden.

Die Sprösslinge nun in die Erde geben. Ich habe mir mehrere kleine Blumentöpfe gekauft, einen pro Weizengrassaft, da die Erde schnell schimmelt, wenn man sie nicht nach einer Woche auswechselt. Ich finde es auch appetitlicher und handlicher als einen großen Blumentopf.

Die Hälfte des Blumentopfes mit Erde befüllen und die Samen mit der Erde mischen.
Die Samen noch mit einer ca. 1cm dicken Erdschicht bedecken. Die Erde und das heranwachsende Gras regelmäßig mit einer Wasserspritzflasche anfeuchten. Nach etwa 10 Tagen hat das Weizengras eine Höhe von ca. 15 cm erreicht.

Es ist wichtig, dass die Blumentöpfe tagsüber immer unter Licht stehen. Das erreicht man entweder mit Hilfe einer Lampe oder man stellt die Töpfe ins Sonnenlicht (Balkon oder Garten).
Wenn das Gras mindestens 15 cm hoch ist, wird es mit einer Schere ca. 3 cm über der Erde abgeschnitten. Jetzt kann das Gras zum Entsaften verwendet werden ...

Green Smoothies

Weizengras-Smoothie mit einer Grassaft-Pressmaschine entsaften:

Viele mixen das selbst angebaute Gras, zusammen mit Früchten, im Mixer (z. B. im Vitamix von Keimling).
Da das Gras aber auch sehr harte Fasern hat, habe ich mich für eine Grassaftpressmaschine entschieden.
Es gibt elektrische oder solche mit einer Kurbel. Ich habe mich für die elektrische Variante, und zwar für den LEXEN Wheatgrass Entsafter in Silber, entschieden.
Weizengras je nach Beschreibung entsaften und entweder pur, verdünnt mit Wasser oder als Smoothie mit Früchten genießen.

Weizen- und Gerstengras sowie Pflanzengrüne in:

Rucolasalat, grüne Blattsalate, Kohl, Petersilie, Blätter von Karotten, Kohlrabi und Roten Rüben, aber auch Wildkräuter wie Brennnessel, Zitronenmelisse, Pfefferminze, Koriander, Minze, Fenchelkraut usw.

stecken voller Chlorophyll!

Es gibt viele Studien darüber, dass Chlorophyll wirksamer gegen Krebs ist als eine Chemotherapie.
Eine kurze Übersicht, warum Chlorophyll so wichtig für uns Menschen und Tiere ist.

Immerhin sind die stärksten Tiere der Welt Grasfresser!

Victoria Boutenko ist die Erfinderin der grünen Smoothies mit ihrem Buch: „Grüne Smoothies“

Green Smoothie mit Hanfpulver

Für Smoothies können gemeinsam gemixt werden

Obst:
Apfel, Ananas, Banane, Beeren, Birne, Granatapfel, Grapefruit, Kiwi, Litschi, Mango, Melone, Nektarine, Pfirsich, Orange, Papaya, Trauben, Zwetschke ...

Pflanzengrün:
grüne Blattsalate, Kohl (auch Chinakohl), Blätter von Rüben, Kohlrabi, Karotten, Radieschen, ebenso Mangold, Spinat, Rucola, Kresse ...

Kräuter und Wildkräuter (frisch):
Basilikum, Brennnessel, Borretsch, Dille, Fenchelkraut, Hanf, Kamille, Koriander, Löwenzahn, Malve, Majoran, Minze, Oregano, Pfefferminze, Petersilie, Rosmarin, Salbei, Schnittlauch, Thymian, Zitronenmelisse ...

Sprossen:
Gerste, Weizen, Dinkel, Roggen, Hafer, Mais, Reis, Buchweizen, Leinsamen, Senf, Bockshornklee, Alfalfa ...

Chlorophyll

ist reich an Vital- und Nährstoffen wie sekundären Pflanzenstoffen, Aminosäuren, Antioxidantien, Mineralstoffen wie Kalzium, Magnesium, Zink, Folsäure u. v. m.

Mit Mikronährstoffen, die in grünen Pflanzen enthalten sind, können Vitamine wie C, D, E u. a. ihre absolute Leistung entfalten. Auch Enzyme, die unser Körper direkt aufnehmen kann, befinden sich im Chlorophyll.

Chlorophyll verbessert unsere roten Blutkörperchen, denn es ähnelt unserem roten Blutfarbstoff, dem Hämoglobin, sehr. Wer viel Grün isst wie Blattsalate, Kohl und somit Chlorophyll zu sich nimmt, hat dadurch gesundes Blut und somit gesunde Organe. Es sorgt für gesundes und reines Blut!
Chlorophyll unterstützt die Entgiftung krebserregender Stoffe und fördert die Wundheilung sowie einen angenehmen Körpergeruch.
Chlorophyll behebt den Eisen- und Magnesiummangel, da es wie jedes Obst, Gemüse und Pflanzengrün einen hohen Anteil an Mineralstoffen als auch an Vitaminen, Antioxidantien und Proteinen hat.

Chlorophyll soll sogar 10-mal wirksamer gegen Krebs sein als eine Chemotherapie:
http://www.postswitch.de/wissenswertes/chlorophyll-zehnmal-wirksamer-gegen-krebs-als-chemotherapie.htm

Wenn Sie beginnen, grüne Smoothies zu trinken, werden Sie bemerken, dass alte ungesunde Gewohnheiten wie von selbst verschwinden, da Körper und Geist ein Team sind und je mehr Vitalstoffe und grüne Nährstoffe Sie Ihrem Körper zufügen, desto mehr verlangt Ihr Geist danach!

Sie werden spüren, wie schnell sich Ihr Körper umstellt und vor allem wie klar Sie im Kopf mit der Zeit werden. Meiner Meinung nach sollten sich alle Menschen vegan ernähren und grüne Smoothies trinken, denn das gesamte Wohlbefinden, sei es geistig oder körperlich, wie wir denken, leben, handeln, spüren und uns fühlen, läuft über die Nahrung.

Ich schätzte diese Klarheit im Kopf sehr, fühle mich fit, brauche weniger Schlaf und habe eine grundsätzlich friedliche Basiseinstellung allen Lebewesen gegenüber. Das ist ein unglaublich tolles Lebensgefühl, das man erst spürt, wenn man eine Zeitlang vegan lebt. Ich denke mir heute, dass ich schon früher meinen Lebensstil hätte ändern können.

Als Veganer lebt man bewusster und meiner Meinung nach ist es die beste und gesündeste Lebensweise!

Ein weiteres Wunderheilmittel ist Cannabis, der rohe Saft der Cannabis Pflanze!
Ein US-Arzt konnte seine Tochter mit frischen Hanfpflanzen von ihrer Krebserkrankung heilen.
Mittlerweile gibt es viele Studien und Menschen, die sich mit der Heilung der Pflanze auseinandersetzen.

Dr. William Courtney unter der Facebook Seite: **https://www.facebook.com/C4C2012?fref=ts**
Das Video seiner Tochter finden Sie auf YouTube unter diesem Link:
https://www.youtube.com/watch?v=7xPmR8j4plw

Es gibt viele verschiedene Arten von Pflanzengrün, die die Selbstheilungskräfte unseres Körpers aktivieren, generell vorbeugen und offenbar ist Pflanzengrün das gesündeste Nahrungsmittel überhaupt für uns Menschen und Tiere. Starten Sie mit grünen Smoothies, Sie werden sehen, wie Sie sich verändern und Ihr Körper und Geist wird es Ihnen um ein Vielfaches positiv zurückgeben und Ihnen danken.

Detoxen

Ich entgifte und entschlacke meinen Körper (und schließlich auch den Geist) immer wieder, indem ich Detox-Tage einlege. Länger als 3 Tage habe ich es bisher noch nicht gemacht.
In diesen 3 Tagen trinke ich nur Smoothies!

Ich fühle mich danach großartig und, wie schon oben beschrieben, werde ich immer klarer im Kopf. Da gibt es keine Grenze, meiner Meinung nach kann der Geist so viele Ebenen erreichen, und deshalb ist es wichtig, dass man seinem Körper und Geist reine Nahrung gibt.
Reine Nahrung bedeutet auch Friede! Fleisch speichert Emotionen und die unglaublich fürchterlichen Qualen, die die Tiere für den meist unbewussten Konsum der Menschen ertragen müssen, isst man schließlich mit.

Sehen Sie sich einmal um! Wie gestresst viele sind, wie negativ und aggressiv! Viele Menschen diskutieren ständig über Belangloses und möchten nur ihr Ego präsentieren und Recht behalten.
Das ist kein Friede! Das ist Krieg, Krieg mit sich selbst, mit der Umwelt, den Mitmenschen und anderen Lebewesen.

Die Fleisch-Produktion (ebenso die Milch- und Lederproduktion, denn dabei wird das Rind nur anders verarbeitet) killt unseren Planeten! Das Trinkwasser wird mit Düngemitteln verunreinigt, im Fleisch sind Antibiotika enthalten, aus denen sich multiresistente Keime entwickeln, die tödlich für den Menschen sind und eine immer größere Gefahr weltweit werden. Manche Politiker empfehlen, bei der Zubereitung von Fleisch Handschuhe anzuziehen, damit man diese Keime nicht abbekommt!
Die Tiere bekommen 98% der Weltsojaernte zu fressen, obwohl sie eigentlich Grasfresser sind (nur 2% davon werden für die Lebensmittel verwendet wie z. B. für Tofu).
Herbizide werden mit Glyphosat hergestellt.

Bezüglich aller verbundenen Fakten, was die Fleischproduktion beinhaltet, kann ich den Fleischatlas 2014 sehr empfehlen. Es gibt ihn als PDF-Datei zum Herunterladen.

Hier der Link: **http://www.bund.net/fileadmin/bundnet/publikationen/landwirtschaft/140108_bund_landwirtschaft_fleischatlas_2014.pdf**

Eine der bedeutendsten Reden über den nicht veganen und veganen Lebensstil ist von Philipp Wollen, dem ehemaligen Vizepräsidenten der Citibank. Er wurde im Alter von 34 Jahren vom australischen Magazin für Wirtschaft in die Top 40 der einflussreichsten Führungskräfte aufgenommen.
Im Alter von 40 Jahren wurde er Zeuge von Grausamkeiten in so riesigem Ausmaß, dass er, zutiefst betroffen, sein Leben änderte und sich von dem Zeitpunkt an wohltätigen Zwecken widmete.
Er beschloss, alles was er besaß zu verschenken und widmet sein Leben heute Kindern, Tieren, der Umwelt, Obdachlosen und unheilbar Kranken.

Philip Wollen argumentiert für die Notwendigkeit, keine Tierprodukte mehr zu konsumieren.
Er unterstützt 500 humanitäre Projekte und setzt sich für eine vegane Lebensweise ein.

Hier der YouTube-Link zu seiner Rede: **http://www.youtube.com/watch?v=rM4He247-Dg**

Ein ebenso wertvoller Vortrag stammt von Gary Yourofsky, einem bekannten Tierrechtsaktivisten aus den USA. Eine Million Israelis haben die Rede von Gary Yourofsky gesehen, weil zwei Israelis sie ins Hebräische übersetzt haben und sind vegan geworden.

Hier der YouTube-Link zu seiner Rede: **http://www.youtube.com/watch?v=9d44U5pvTmU**

Und hier das Video über den Wandel des israelischen veganen Lifestyle:
http://www.youtube.com/watch?v=qIfbpPcVFJ0

James Cameron (Oscarpreisträger), der Regisseur von u. a. Avatar, Titanic, Terminator und Aliens, lebt mit seiner Frau vegan und setzt sich ebenfalls aktiv für die vegane Lebensweise ein.
Er sagt: **„Du bist kein Umweltschützer, wenn du Fleisch isst!“**
Durch ihn wird 2015 die erste Schule in Los Angeles eröffnet mit ausschließlich veganer Ernährung.

Alle diese Informationen und viele weitere finden Sie auf meiner Website:
http://www.jointheveganrevolution.at oder **www.delicious.or.at**

Viele Lebensmittel in konventionellen Supermärkten beinhalten Glutamate, Ascorbinsäure, E-Zusatzstoffe, künstliche Aromen, Geschmacksverstärker u. s. w. und sind keine reine Nahrung.
In Fleisch und Wurstwaren wird Nitritpökelsalz beigefügt, damit das Fleisch die rote Farbe bekommt und wird als Konservierungsmittel nach der Leichenstarre verwendet, um den Verwesungsprozess hinauszuzögern.
Bei Rindern tritt die Leichenstarre nach 2-3 Tagen nach dem Schlachten ein und um es schmackhaft zu machen, werden Chemie und Gewürze beigemischt. Sie würden doch niemals einer Kuh mit einem Messer ein Stück Fleisch abschneiden und es roh essen, oder?

Fangen Sie an, sich im Bioladen nach reiner pflanzlicher Nahrung umzusehen! Sie werden eine neue faszinierende Welt vor sich finden und sich mit der Zeit immer besser und reiner fühlen.
Leben Sie bewusst und präsentieren Sie damit FRIEDEN!

Rohkost-Salate mit Superfoods

Green Superfood-Salat mit Gojibeeren und Chlorella (Dressing ohne Öl, Salz und Essig)

für 2 Personen

gemischte grüne Blattsalate
1 Handvoll Spinat
1 Orange (geschält)
1 Handvoll Champions
5 Erdbeeren
ein paar Granatapfelkerne
ein paar Gojibeeren
2 Feigen
ein paar Haselnüsse

Dressing
1 Limette
½ Orange
1 Kiwi
1 Dattel
1 Avocado
Chlorellaalgen-Pulver
Hanfpulver
1 TL Mandelmus,
nach Belieben

Die Blattsalate (gewaschen) auf einem Teller anrichten.
Die Erdbeeren in Hälften schneiden (je nach Größe), Orange in kleine Stücke aufteilen und separat in einer Schüssel beiseite stellen. Granatapfelkernemit einem Löffel auskratzen.

Die Champions und Haselnüsse kurz mit einem kleinen Schuss Wasser in einer Pfanne anbraten.
Zuerst im Personal Blender die Avocado mit ein bisschen Wasser, der Limette, dem Chlorellaalgen- und Hanfpulver mixen, bis eine Creme entstanden ist (nicht zu dickcremig).

Danach in einem separaten Behälter die Orange, Kiwi und Dattel mixen und wer mag gibt einen Teelöffel Mandelmus dazu. Dann können beide Dressings mit dem Salat vermischt werden. Mit Erdbeeren und den Orangenstücken anrichten und zum Schluss ein paar Granatapfelkerne darübergeben.

Beim Zubereiten des Dressings die Avocado erst zuletzt dazumixen, da die Avocado die anderen Flüssigkeiten aufsaugt und dann von den anderen Zutaten nicht viel übrigbleibt.

Algensalat

Algen: Kelp, Nori, Wakame und Seetang

Dressing
1 Zitrone
1 kleines Stück Ingwer
½ Avocado (geschält und entkernt)
1 TL Sesam und 1 TL Sesamöl

Die Algen in Wasser einlegen und in der Zwischenzeit die Zutaten für das Dressing mixen. Sobald die Algen weich sind, abtropfen lassen, mit dem Dressing vermischen und mit Sesam bestreuen.

Algen haben einen sehr hohen Nährstoffanteil und Proteingehalt. Sie helfen dem Körper, Schwermetalle abzuleiten, mit denen wir täglich in unserer Umwelt belastet werden.
Sie unterstützen dadurch die Entgiftung unseres Körpers und stärken das Immunsystem.
Es gibt in Bioläden Algen auch klein geschnitten zu kaufen. So eignen sie sich zum Drüberstreuen für Salate.

Wildreis-Salat mit Avocado und Feige
(Dressing ohne Öl, Essig)

für 2 Personen

200 g Wildreis
1 Avocado
2 Feigen

Dressing
Saft einer halben Zitrone
1 TL Mandelmus
½ TL Vollrohrzucker

Wildreis kann auch roh zubereitet werden, indem er über Nacht ca. 10 Stunden in Wasser eingeweicht liegt, damit er aufgeht.

Am nächsten Tag:
Den Wildreis in einer Schüssel anrichten. Die Avocado schälen, entkernen und in kleine Stücke schneiden. Das Feigenfruchtfleisch mit einem Löffel auskratzen und mit der Avocado im Salat verteilen.

Für das Dressing die Zutaten mit einem Löffel gut verrühren und dem Salat untermischen.

Zucchini-Nudeln mit Avocadocreme und getrockneten Tomaten

für 2 Personen

2 Zucchini (ev. ein Zucchinischneider oder Spiralschneider, z. B. unter www.keimling.at)
1 Avocado
Zitronensaft
1 Handvoll schwarze Oliven
1 TL Mandelmus
ein paar Hefeflocken

Die Zucchini im Zucchinischneider zu Spaghettis schneiden und für die Sauce alle Zutaten außer die schwarzen Oliven zusammen mixen. Mit den Nudeln vermischen und mit den Oliven verzieren. Hefeflocken können als „Parmesan" darübergestreut werden.

Dörren: Gemüse oder Obst trocknen lassen

Folgendes Obst und Gemüse ist als Dörrobst, -gemüse besonders geeignet:

Apfel, Banane, Ananas, Zucchini, Rote Rübe, Karotte, Kohl u. a.

Wenn man ein Dörrgerät hat, wie z. B. den Excalibur von Keimling, das Dörrgut einlegen und dörren lassen.
Wenn man einen Garten oder einen Balkon hat, kann das Obst oder Gemüse draußen auf einer Unterlage zum Trocknen aufgelegt werden. In der Wohnung legt man Obst und Gemüse in der kälteren Jahreszeit auf die Heizung. Dörren kann man auch im Backrohr! Einfach zwischen Backrohr und Ofentür einen Löffel oder ein Messer einklemmen und die Türe so einen Spalt offen lassen. Je nach Speise dann z. B. bei 42 Grad ein paar Stunden trocknen lassen.

Gemüse-und Obst-Chips
verschiedene Gemüsesorten in dünne Scheiben schneiden und wie oben beschrieben dörren oder trocknen.
Mir schmecken Kohlchips besonders gut!

Hier ein paar Vorschläge für Gemüsedips:

Kokos-Kürbis-Dip
Hokkaidokürbis roh (Schale und Gehäuse entfernen)
Kokosflocken oder noch besser der Saft einer Trink-Kokosnuss

Alles zusammen mixen

Basilikum-Rucola-Pesto
frisches Basilikum
Rucola
Pinienkerne
Olivenöl

Alles zusammen mixen

Humus
100 g Kichererbsen
2 EL Tahini (Sesampaste)
Zitronensaft
2 Knoblauchzehen
2 EL Olivenöl

ev. etwas Kreuzkümmel

Kichererbsen über Nacht einlegen und am nächsten Tag kochen, bis sie weich sind. Dann kalt abschrecken und mit dem Pürierstab pürieren oder in den Mixer geben und alle anderen Zutaten dazu mixen.

Cashew-Dip
Cashewnüsse
Zitrone
Beides zusammen mit ein bisschen Wasser mixen.

Guacamole
1 Avocado (geschält & entkernt)
1 Limette
Salz
Pfeffer

Alles zusammen mixen

Tomatenpesto
getrocknete Tomaten
1 kleine Zwiebel
frisches Basilikum

Alles zusammen mixen oder ganz klein hacken und ein bisschen Olivenöl dazugeben.

Rohkost-Pizza

Boden
1 Tasse Amaranth (glutenfrei) oder Dinkel ankeimen, mit Wasser bedecken und ca. 3-5 Tage einweichen, bis sich Sprossen ziehen. Am besten macht man es im Sprossenglas!
Wasser jeden Tag wechseln und ab dem 2. Tag nur mehr feucht halten. Amaranth hat einen nussigen Geschmack und eignet sich gut als Pizzaboden. Es kann aber auch Buchweizen, Quinoa oder Weizen angekeimt werden.

1 Schuss Olivenöl (klappt auch sehr gut ohne Öl)
1 Prise Salz
1 EL gemahlene Leinsamen

Sauce
1 Handvoll getrocknete Tomaten
frisches Basilikum
2 Cherry-Tomaten

„Käse"
Entweder man macht sich eine Käsesauce als Belag dazu oder man verwendet den „Käse" zum Schluss zum Bestreuen.

„Käse"belag
1 Handvoll Cashews
Saft einer Zitrone

Beide Zutaten pürieren und als Belag auf die Tomatensauce geben.

Zum Bestreuen: Die Cashews klein hacken und zum Schluss über die Pizza streuen. Auch Hefeflocken können verwendet werden.

Pizzabelag
z. B. Rucola, Pilze, Zucchini, Pinienkerne, Oliven

Zubereitung
Ich nehme die Keime am 4. Tag aus dem Sprossenglas heraus, um sie für den Pizzaboden weiterzuverarbeiten.
Die Keime im Personal Blender (oder mit einem Pürierstab) mit den anderen Zutaten für den Boden pürieren und danach zu einem Teig kneten.
Dann als Pizzateig formen (einen Teil ausrollen und mit der Hand flachdrücken).
Die Tomaten- und „Käse"sauce aufschichten und mit dem Belag nach Belieben bedecken.

Zum Schluss mit den Cashews bestreuen.

Raw Wrap veggie or fruity

Wrap
verschiedene Obst- oder Gemüsesorten glatt mixen und im Dörrgerät trocknen lassen, bis man einen weichen, aber festen Wrap hat. Man sagt auch Gemüse- oder Frucht"leder" dazu.
Für das Dörren empfehle ich den Excalibur, da bei dem Gerät eine eigene Einstellung für Fruchtleder vorgesehen ist. Das Dörren kann schon 4-7 Stunden dauern. Danach den Wrap beliebig füllen und zusammenrollen.

veggie

Gemüse-Wrap mit Zucchini, Rotkraut und Sojasprossen

Wrap
1 Zucchini
1 Avocado

Beides pürieren und dann für ca. 4 Stunden ins Dörrgerät legen.
Sowie im Bild wenn der Wrap fertig getrocknet ist, einfach abziehen

Füllung
Rotkraut
Tomaten
Sojasprossen

Guacamole Creme
1 Avocado
Saft einer Limette
1 Prise Pfeffer
1 Tomate

Die Avocado schälen, entkernen und mit einer Gabel zerdrücken. Die Tomate in kleine Stücke schneiden und mit der Guacamole, dem Limettensaft und der Prise Pfeffer gut vermischen.

fruity

Früchte-Wrap mit Erdbeeren, Bananencreme und Superfood Chiasamen

2 Tassen Erdbeeren oder eine Packung tiefgefrorene Erdbeeren
4 Bananen
1 Tasse Heidelbeeren
2 EL Chiasamen
Kokosflocken oder Kakao

1 Tasse Erdbeeren mit 2 Bananen pürieren und die Masse für ca. 4 Stunden ins Dörrgerät geben.
Währenddessen die anderen beiden Bananen pürieren, die Chiasamen einrühren und einstweilen aufquellen lassen.
Das Fruchtleder erst von der Unterlage abziehen, wenn nichts mehr kleben bleibt.
Mit der Masse füllen und anrichten.

Desserts

Rohkost (Raw) Brownie

5 Datteln
1 Handvoll Mandeln (vorher 2 Stunden einweichen)
1 EL roher Kakao
2 Trockenpflaumen
Gojibeeren für die Deko

Alle Zutaten miteinander pürieren und zu Brownies formen.
Dann mit dem rohen Kakao bestäuben und die Gojibeeren daraufsetzen.

Pudding aus Heidelbeeren mit Superfoods Chiasamen und Acaipulver

Eine Tasse Heidelbeeren mit einer Banane, einem TL Acai-Pulver und einem TL Chiasamen sowie einem Schuss Wasser pürieren und über Nacht im Kühlschrank einweichen. Die kleinen Behälter vom Personal Blender eignen sich ideal dafür.
Am nächsten Tag sind die Chiasamen aufgegangen und sind eine puddingfeste Masse geworden.

Eine Banane dazu anrichten und mit rohem Kakao bestäuben.

Rohkost-Torte

1 Packung Haselnüsse
1 EL roher Kakao
4 Medjoul-Datteln
1 Packung Cashews
1 Packung Macadamianüsse
4 Bananen
1 Packung Beeren

Die Haselnüsse mit den Datteln im Mixer gut mixen, so dass eine glatte Konsistenz entsteht. Anschließend damit in einer Springform einen Tortenboden formen.
Für die helle Creme werden die Cashews und die Macadamianüsse mit zwei Bananen ebenfalls zu einer Creme gemixt.
Für die Schokosauce den Kakao mit 2 Bananen und 3 Datteln cremig mixen.
In der Springform alle 3 Schichten übereinander schlichten und ins Gefrierfach geben, bis die Cremeschichten fest geworden sind.

Anschließend mit den Beeren verzieren.

Roher „Käse"kuchen mit Heidelbeeren

1 Packung Mandeln (vorher 2 Stunden einweichen)
5 Medjoul-Datteln entkernt
1 Packung Cashews
2 Bananen
1 Packung Heidelbeeren

Boden
Mandeln mit 3 Datteln mixen, bis die Masse ein glatte, feste Konsistenz hat.
Danach in eine Springform flach gedrückt einlegen.

Creme
Cashews mit Datteln und Bananen cremig mixen und auf den Boden in der Springform verteilen.
Anschließend die Form für ca. 2 Stunden ins Gefrierfach geben, damit die Creme fest wird.

Vor dem Genießen noch mit Heidelbeeren belegen.

Mousse au Chocolat mit Drachenfrucht und Superfoods

Mousse au Chocolat
1 EL roher hochwertiger Kakao
1 Banane
½ Avocado (geschält)
2 Datteln (entkernt)
je 1 Messerspitze Maca, Acai-Pulver und Hanfpulver (Protein)

Drachenfrucht

Sauce
Granatapfelkerne
½ Banane

Alle Zutaten für das Mousse au Chocolat im Mixer durchmixen, bis es schön cremig ist.

Für die Sauce die Granatapfelkerne mit der Banane ebenfalls gut durchmixen.
Alles zusammen schön anrichten und mit der Sauce verzieren.

Superfoods

Superfoods sind natürliche Nahrungsmittel mit Superlativen an Nähr- und Wirkstoffen, da sie einen hohen und konzentrierten Anteil an wertvollen Inhaltsstoffen besitzen.
Sie haben den höchsten Gehalt an Vitaminen, Mineralien, Proteinen, Enzymen, Aminosäuren und Antioxidantien und sind somit Vital Booster, die für besondere Energie und Lebenskraft sorgen.

Sie können heilen und vorbeugen und stehen für beste Gesundheit und Wohlbefinden.

Einige der bekanntesten Superfoods sind:

Acai-Beeren, Acerola, Afa-Alge (Vitamin B 12), Aloe Vera, Avocado, Blaubeeren, Bockshornklee, Camu-Camu-Beeren, Chiasamen, Chili, Cranberries, Dattel, Mikroalge Chlorella, Erdmandel (Wurzel), Gerstengras, Ginseng, Gojibeeren, Granatapfel, Hanf, Ingwer, roher Kakao, Kiefernrinde, Kokosnussöl, Leinöl, Lucuma, Maca, Macadamianüsse, Mangostan, Mexican Wild Yam, Moringa (Wunderbaum), Noni, Olivenöl, Papaya, Sango-Meereskoralle, Kelp-Alge,Schisandra, Spirulina, Stevia, Weizengras, Yacon, Zistrose, Zimt, u. v. m.

Chia Samen

Wassermelone/Fenchel-Drink

Beide Zutaten mixen und im Sommer ein paar Eiswürfel dazugeben!

Das schmeckt sehr erfrischend!

Smoothies

Mojito ohne Alkohol

¼ Liter prickelndes Mineralwasser
2 Limetten (geschält und entkernt)
frische Minze
Eiswürfel
1 TL Rohrohrzucker

Die Minze, Limette und den Zucker mit einem Mörser in einem Glas zerstampfen und mit Mineralwasser aufgießen. Dann die Eiswürfel dazugeben. Das ist im Sommer ein sehr erfrischender Drink!

Beeren mit Superfoods

5 Erdbeeren
5 Himbeeren
1 Handvoll Heidelbeeren
1 Banane
je 1 Messerspitze Macapulver, Hanfpulver und Acai

Alles zusammen mixen, fertig!

green-Smothie mit Superfoods

2 Kohlblätter
1 Orange (geschält & entkernt)
1 Zuckermelone (geschält & entkernt)

1 Messerspitze Spirulina Algenpulver,
Hanfpulver & Lucuma

Löwenzahn-Smoothie

1 Handvoll Rucolasalat
ein paar Löwenzahnblätter (saisonabhängig)
1 Banane
1 Zuckermelone (geschält und entkernt)
1 Orange (geschält und entkernt)

Alle Zutaten zusammen mixen und frisch trinken!

Papaya Green Smoothie mit Superfoods

1 Papaya
1 Handvoll Brennnessel
1 Banane
1 EL Chiasamen
1 Messerspitze Baobab

Alle Zutaten zusammen mixen und frisch trinken!

Bananenshake (oder Shakes aus anderen Früchten wie z. B. Beeren) schmeckt sehr gut mit Mandelmilch oder Hafermilch gemixt.

pflanzliche Alternativen

Butter
Alsan: pflanzliche Margarine aus dem Biosupermarkt oder Bioladen

Ei-Ersatz
Kartoffel- oder Maisstärke mit Wasser vermischen
Apfelmus
Chiasamen mit Wasser vermischen, bis ein Gel entstanden ist
Erdnussmus
No-Egg-Pulver von Orgran aus dem Bioladen
Sojamehl
Leinsamen gemahlen mit Wasser vermischt
Flohsamenschalen gemahlen mit Wasser vermischt
Banane
Seidentofu
oder man lässt einfach die Eier weg, z. B. werden die Pfannkuchen nur mit Mehl und Wasser auch sehr gut.

Milch
Hafer-, Dinkel-, Mandel-, Reis-, Sojamilch

Zucker
Agavendicksaft: wird aus der Agavenpflanze in Mexiko gewonnen und enthält viel Fructose.
Er ist sehr süß und wird oft als Alternative zu Honig genommen.

Ahornsirup: wird aus dem kanadischen Ahornbaum gewonnen und ist eines der ältesten Süßungsmittel.
Er kann wie der Agavendicksaft statt Honig verwendet werden.

Birkenzucker/Xylit: (giftig für Hunde) wird von der Birkenrinde gewonnen und hat 40% weniger Kalorien als herkömmlicher Zucker. Es wirkt positiv auf die Zähne gegen Karies und stärkt den Zahnschmelz.

Datteln oder selbstgemachter Dattelsirup: Ich süße am liebsten mit Datteln. Das ist für mich eine natürliche Möglichkeit zu süßen. Dattelsirup oder Mus kann man ganz leicht selbst machen.
Die entkernten Datteln mit wenig Wasser vermischen und pürieren.

Reissirup: wird aus gemahlenem und anschließend gekochtem Reis gewonnen. Durch die Fermentierung entstehen Zuckermoleküle. In Reis ist kein Fruchtzucker enthalten und daher wird er oft bei Fruchtzucker-Unverträglichkeiten verwendet.

Stevia: wird auch Süßkraut genannt, kommt aus Südamerika und ist dort ein beliebtes Süßungsmittel.
Stevia soll 300-mal süßer als Zucker sein und hat keine Kalorien.
Es hat einen eigenen Geschmack, den nicht jeder mag. Die Pflanze wird industriell verarbeitet und in den verschiedensten Produktvarianten verkauft: z. B. als Tabletten, Pulver oder flüssig.
Naturbelassen kann man Stevia einfach trocknen lassen, zu einem Pulver vermahlen und als Süßstoff verwenden oder die frischen Blätter nehmen.

pflanzliche Vitalstoffe

Eisen: grünes Gemüse hat viel Eisen! Brokkoli, Kohl, Petersilie, Kelp-Algen, Dille, Pak Choi, Sonnenblumenkerne, Kürbiskerne, Basilikum, Thymian, Sesam, Spinat, Mangold, grüne Blattsalate, Löwenzahn, Amaranth, Quinoa, Hirse, Soja, Tofu, Linsen, Bohnen, Mungobohnen, Mandeln, Leinsamen, Vollkornprodukte, Fenchel, Trockenfrüchte, Brennnessel

Kalzium: grünes Gemüse hat viel Kalzium! Rucola, Sesam, Soja, Brokkoli, Kohl, Nüsse, Tofu, Oliven, Hafermilch, Mandelmilch, Fenchel, Lauch, Pak Choi, Bohnen, Kohlrabi, Petersilie, Lauch, Sauerkraut, Schnittlauch, Leinsamen, Mohn

Magnesium: grünes Gemüse hat auch viel Magnesium! Apfel, Spinat, Kürbiskerne, Rote Beete, Orange, Buchweizen, Banane, roher Kakao, Feige, Gurke, Kohl, Mangold, grüne Blattsalate, Amaranth, Quinoa, Dinkel, Hafer, Gerste, Mohn, Sonnenblumenkerne, Heidelbeeren, Avocado

Proteine: Lupinen oder Süßlupinenmehl, Hanfsamen, Hanfmehl, Quinoa, Soja, Hülsenfrüchte wie Erbsen, Bohnen, Kichererbsen, Linsen, grünes Gemüse wie Kohl, Spinat, Brokkoli, Brunnenkresse, ebenso Kartoffel, Rote Beete, Erdbeeren, Orange, Honigmelone, Pfirsich, Papaya, Kürbiskerne, Erdnüsse, Cashews, Sesam, Mandeln, Haselnüsse, Walnüsse, Sonnenblumenkerne, Süßkartoffel, Buchweizen, Wildreis, Tempeh

Vitamin B 12: Chlorella-Algen, Tempeh, Hefeflocken, Hefe, Spirulina, Afa-Algen, Sauerkraut

Vitamin D: Sonnenstrahlen, UV-Einwirkung, Spinat, Kohl, Pilze, Hefe, Avocado, Brunnenkresse, Brennnessel, Champions, Steinpilze

Zink: Soja, Tofu, Nüsse, Spirulina, Sesam, Kakao, Hefe, Mohn, Buchweizen, Hirse, Kürbiskerne und ebenfalls grünes Blattgemüse

Glossar der Superfoods

Acai-Beeren
Die Beeren wachsen auf einer Palme im Amazonas und gelten als Abnehm- und Verjüngungswunder, da sie den Stoffwechsel anregen. Sie sind auch reich an Antioxidantien, die unsere Zellen vor freien Radikalen schützen. Im Bioladen gibt es meistens Acai- Pulver.

Acerola
Die Acerola-Kirschen wachsen in Süd- und Mittelamerika und sollen den höchsten Anteil an reinem, natürlichem Vitamin C haben. Außerdem sind sie auch reich an Antioxidantien, schützen somit unsere Zellen und das Vitamin B beruhigt die Nerven. Im Bioladen gibt es meist: Acerolasaft, Konzentrat, Pulver, Kapseln oder Trockenfrüchte.

Afa-Alge (Vitamin B 12)
Diese blaugrüne Mikroalge wächst wild in einem Naturschutzgebiet im Klamathsee in Oregon in den USA. Sie hat einen hohen Anteil an pflanzlichen Eiweißen von ca. 70%, Vitaminen, Mineralstoffen, Aminosäuren, Chlorophyll und sekundären Pflanzenstoffen.

Aloe Vera
Die Aloe Vera-Pflanze wächst in den Mittelmeergebieten, auf den Kanaren und in Mexiko und Brasilien. Da diese Pflanze in Gebieten wächst, in denen es sehr heiß und trocken ist, ist sie auf den eigenen Feuchtigkeitsspeicher in ihren Blättern angewiesen. Sie ist reich an sekundären Pflanzenstoffen, Vitaminen, Enzymen, Spurenelementen und Mineralstoffen. Das Aloe Vera-Gel im Inneren der Pflanze kann sowohl äußerlich zum Eincremen der Haut oder innerlich als Saft zum Trinken verwendet werden und umsorgt den Körper nahrhaft und gibt ihm ein wohltuendes Gefühl. In der inneren Blattrinde bis zum Beginn des festen Gels befindet sich eine gelbe bittere Flüssigkeit namens Aloin, die abführend wirken soll. Deswegen sollte man immer das Blattgrün und die Blattrinde bis zum Beginn vom festen Gel vorsichtig mit einem Messer entfernen.

Avocado
Die Avocado kommt aus tropischen Gebieten wie Südamerika, Mexiko, der Karibik, Afrika, Israel, Neuseeland, Kalifornien, Australien. Sie ist reich an Vitamin A und E, Beta Carotin, Biotin, Kalzium, Kalium, Eisen, Magnesium und ungesättigten Fettsäuren.

Blaubeeren/Heidelbeeren
wachsen in den Wäldern Europas bis hinauf ins Gebirge. Auch im eigenen Garten können sie angebaut werden. Die Beeren sollen das Herzinfarkt-Risiko senken, indem ihre Wirkstoffe die Blutgefäße erweitern. Sie haben einen hohen Gehalt an Flavoniden, Kalium, Vitamin C und E.

Bockshornklee
Dieser wächst in Indien, Ägypten und auch in Europa. Die Samen vom Bockshornklee sind ein wahres Wundermittel. Sie sollen Haarausfall und Schuppen reduzieren und sind reich an Vitamin A und D, Eisen u. v. m. Bockshornklee hat viele heilende Eigenschaften: Er wirkt schleimlösend, soll als Tee gegen Husten helfen, ist entzündungshemmend und wirkt Leberschädigungen entgegen. Auch bei Verdauungsstörungen, Gelenksentzündungen und Ischiasschmerzen hilft er. Er stärkt den Allgemeinzustand und das Immunsystem. Es gibt ihn als Gewürz oder ganze Samen zu kaufen, auch als Nahrungsergänzungsmittel.

Camu-Camu-Beeren
Die Beeren wachsen im Amazonasgebiet und haben eine Vielfalt an Nährstoffen. Die Beeren sollen 50-mal mehr Vitamin C haben als Orangen und 10-mal mehr Eisen. Auch sind sie reich an anderen Vitaminen, Mineralien und sekundären Pflanzenstoffen, sie stärken das Immunsystem und das zentrale Nervensystem.

Chia-Samen
Sie kommen aus Mexiko und haben einen hohen Gehalt an Omega-3- und Omega-6-Fettsäuren, Antioxidantien, Eisen und um das 5-fache mehr Kalzium als Kuhmilch. Auch haben sie einen hohen Proteingehalt, Zink, Kupfer, Phosphor, Riboflavin und Vitamin A. Chiasamen werden, wenn sie für ein paar Stunden in Wasser eingelegt sind zu einem gelartigen Pudding.

Chilis
Sie stammen aus Nord- und Südamerika und wachsen mittlerweile überall. Auch Als Zimmerpflanzen kann man sie anbauen. Sie haben eine hohe Heilwirkung gegen Rheuma, Hexenschuss, Muskelschwäche, Gelenksschmerzen oder auch Verdauungsschwäche. Sie enthalten viel Vitamin C, B 1, B 2, B 6, Beta Carotin und Mineralstoffe wie Magnesium, Kalzium, Kalium und Zink. Chilis wirken auch antibakteriell und durch ihren hohen Anteil an Antioxidantien schützen sie auch vor freien Radikalen.

Chlorella-Mikroalge
Algen leiten Gifte und Schwermetalle aus unserem Körper aus. Die Chlorella-Alge hat einen hohen Gehalt an Chlorophyll. Es ähnelt unseren roten Blutkörperchen sehr und somit wird unser Körper und seine Organe mit frischem Blut versorgt. Chlorophyll schützt unseren Köper vor freien Radikalen und stärkt unser Immunsystem immens. Die stärksten Tiere der Welt sind Pflanzenfresser und holen sich alle ihre Nähr- und Vitalstoffe aus dem Pflanzengrün.

Cranberries
Die Beeren wachsen in Amerika, Europa und Asien. Sie haben einen hohen Anteil an Antioxidantien, schützen somit unsere Zellen und verjüngen unsere Haut. Sie wirken heilsam gegen: Harnwegsinfektionen, Gelenksschmerzen, Müdigkeit und sind antibakteriell.

Datteln
Die Früchte wachsen auf der Dattel-Palme und kommen größtenteils aus Ägypten, dem Iran und Saudi- Arabien. Die Dattel ist reich an Kalium, Eisen und Zink, Vitamin B 3, B 5, E, Aminosäuren und gilt als beliebtes pflanzliches Süßungsmittel. Sie hat einen hohen Anteil an natürlichem Trauben- und Fruchtzucker und pflanzlichem Eiweiß.

Erdmandeln (Tigernuss)
Sie kommen aus Mittel- und Südamerika und Spanien. Erdmandeln sind eine wahre Vitalbombe und pushen das Immunsystem, da sie viele gesunde Nährstoffe haben! Sie haben einen hohen Anteil an hochwertigem pflanzlichem Eiweiß, an Mineralstoffen wie Eisen, Kalzium, Kalium, Phosphor und Magnesium, Vitamine C, E und H, Flavinoide und senken das Cholesterin, unterstützen die Haut zur Verbesserung des Hautbildes, lindern Schmerzen und helfen bei vielen anderen Krankheiten durch die vielen heilenden Wirkstoffe.

Gerstengras und Weizengras
Sie sind wohl die gesündesten Lebensmittel, da beide reich an Chlorophyll sind und schließlich die stärksten Tiere der Welt Grasfresser sind. Mehr Infos im Kapitel Chlorophyll auf Seite 75!
Gerstengras gibt es auch als Pulver, am besten man baut es selbst zu Hause an.

Ginseng
Er kommt aus China und Korea und wird auch Kraftwurzel genannt. Er wirkt gegen Stress, Abwehrschwäche und Erschöpfung, pusht positiv den Allgemeinzustand hoch und gibt Kraft und Frische. Auch gegen Krebs, Hautprobleme, Diabetes und Thrombose wirkt er heilend. Ginseng gibt es in zahlreichen Dareichungsformen: als Nahrungsergänzungsmittel in Form von Pulver, Tabletten aber auch in Tees wird er angeboten. Die frische Ginseng-Wurzel aus dem Bioladen ist die natürlichste und gesündeste Form.

Gojibeeren
Sie kommen aus China und haben wie die Acerola-Kirschen einen der höchsten Vitamin-C-Anteile, die eine Frucht haben kann. Auch sind sie reich an Aminosäuren, sekudären Pflanzenstoffen und Vitamin A und E. Gojibeeren kann man trocken oder für ca. 30 Minuten in Wasser eingeweicht genießen. Die Gojibeere ist eine wahre Wunderbeere mit vielen Vitalstoffen.

Granatapfel
Er wächst auf einem Strauch und kommt aus Marokko, Israel und Tunesien und im Herbst aus Spanien und Italien. Durch den hohen Anteil an Antioxidantien schützt er unsere Haut vor freien Radikalen und gilt als absolute Vitalstoffbombe. Er ist reich an nährstoffreichen essentiellen Aminosäuren, sekundären Pflanzenstoffen und ist eines der ältesten Heilmittel. Er hilft auch bei der Heilung von Herz- und Gelenkskrankheiten.

Hanf
ist wie Gersten- und Weizengras reich an Chlorophyll, das unseren roten Blutkörperchen ähnelt und daher unser Blut gesund auffrischt. Unsere Organe werden dann mit gesundem Blut versorgt. Hanf ist eine der heilsamsten Pflanzen und soll um ein Vielfaches wirksamer gegen Krebs sein als eine Chemotherapie. Mehr dazu im Kapitel Chlorophyll auf Seite 75! Hanf hat auch eine hohe Nährstoffdichte an Vitamin B 2, das für den Muskelaufbau wichtig ist sowie an Antioxidantien und Aminosäuren. Hanf ist eine gesunde pflanzliche Eiweißquelle und wird von veganen Athleten und Bodybuildern als Eiweiß-Nahrungsergänzung verwendet. Es gibt ihn verarbeitet als Hanfpulver, Hanfsamen, Hanföl und viele andere Produkte. Am gesündesten ist er natürlich als Pflanze im Smoothie!

Ingwer
Die Wurzel kommt aus China, Indien, Vietnam, Japan, auch Australien und Südamerika und besitzt viel Vitamin C, B und Folsäure. Wenn man erkältet ist und ein kleines Stück Ingwerwurzel ins heiße Wasser mit dem Saft einer Zitrone gibt, wirkt es sehr heilend und unterstützt das Immunsystem und die Abwehrstoffe, man wird schneller gesund. Ginseng wärmt von innen und wirkt gegen Stress. Ginseng hilft auch bei vielen Krankheiten und unterstützt das Immunsystem durch die vielen Nährstoffe, die sich in der Wurzel befinden.

Roher Kakao
Er hat eine starke antioxidative Wirkung und wird daher in der Kosmetik gerne als Nährstoffbombe für die Haut verwendet. Er kommt aus Peru und Ecuador. Aus den Kakaobohnen werden alle möglichen Arten von Schokolade hergestellt. Roher Kakao hat einen hohen Anteil an Mineralstoffen wie Magnesium, Eisen und Zink, als auch Vitamin C und Omega-6-Fettäsuren. Roher Kakao hebt den Serotonin-Spiegel und gibt uns ein gutes Wohlfühlgefühl.
Bei manchen wirkt roher Kakao aufputschend, da kann man auch Carob-Pulver (Caroben: Früchte des Johannisbrotbaumes) verwenden, welches ohne Theobromin ist. Roher Kakao ist aufgrund des Theobromins giftig für Hunde und sollte in Form von Schokolade oder Kakao in allen verschiedenen Arten nie an Hunde verfüttert werden.

Kokosnussöl
Das Öl wird aus der Kokosnuss der Kokospalme gewonnen und hat eine Vielfalt an heilenden Eigenschaften, z. B. gegen Pilze, Parasiten und Bakterien. Es hilft bei Haut und Geschlechtskrankheiten. Es nährt die Haut auch als Maske mit vielen essentiellen Wirkstoffen unter anderem der Laurinsäure. Es ist ein wahres Wundermittel. Genauso soll es krebsvorbeugend wirken, positiv auf Cholesterin und entzündungshemmend. Für Hunde ist es immer gut, Kokosöl ins Fell oder ab und zu ein bisschen ins Fressen zu mischen. Trotzdem gilt: Fette und Öle immer sparsam verwenden!

Leinöl
Dieses Öl stammt aus den Leinsamen und ist einer der hochwertigsten Omega-3-Fettsäuren-Lieferanten. Es hat ein Vielfaches mehr davon als Fisch. Es wirkt sich positiv auf unser Gehirn aus, bei Bluthochdruck, bei Nierenerkrankungen, senkt den Blutzuckerspiegel und hilft ebenfalls bei Hautkrankheiten.

Lucuma
Das ist eine Frucht, die in den Bergen Perus auf Bäumen wächst. Lucuma ist reich an Eisen, Antioxidantien, Vitamin B und Beta Carotin. Es schützt unsere Haut und belebt unsere Zellenerneuerung. Es schmeckt natürlich süß und kann auch als Süßungsmittel verwendet werden.

Maca
Die Wurzel wächst in den peruanischen Anden und gilt als Heil- und Wundermittel. Es steigert die Leistungsfähigkeit und schützt bei psychischen Belastungen. Maca wird als Pulver angeboten und gerne von Sportlern und Athleten verwendet. Auch als Nahrungsergänzung bei sexuellen Funktionsstörungen wird es oft empfohlen. Maca wirkt sich auch positiv auf unseren Allgemeinzustand aus.

Macadamianuss
Sie ist die Königin der Nüsse und kommt vorwiegend aus Australien, Hawaii, Neuseeland und Kalifornien. Die Nüsse haben einen hohen Anteil an Kalzium, Kalium, Phosphor, Magnesium, Eisen und Vitamin B, E und schützen unsere Haut dadurch vor freien Radikalen. Für Hunde gefährlich und daher bitte nicht füttern!

Mangostan
Das ist eine Frucht, die auf tropischen Bäumen wächst. Sie ist reich an Antioxidantien, die unsere Zellen vor freien Radikalen schützen und sie aufbauen. Sie kommt aus Malaysia, Vietnam, Indonesien, von den Philippinen und aus Mittelamerika. Sie soll auch eine stark heilende und schützende Wirkung haben, z. B. schützt sie durch den hohen Anteil der Antioxidantien unsere Haut vor Hautalterung, wirkt entzündungshemmend und schmerzlindernd, mindert Angstzustände, Migräne und geistige Erschöpfung. Stärkt durch die Vielzahl an Vitaminen unser Immunsystem und wirkt vorbeugend gegen viele klassische Zivilisationskrankheiten.

Mexican Wild Yam
Die Wurzel kommt aus der Karibik, aus Afrika und Südamerika. Die Yams-Wurzel hat eine hormonelle Wirkung. Es gibt Studien darüber, dass die Wurzel als Verhütungsmittel ohne Nebenwirkungen bei Frauen eingesetzt wurde und schmerzlindernd in den Wechseljahren wirkt. Auch soll sie gegen Rheuma und Alterserscheinungen wirken. Wie jedes Superfood ist sie aufgrund der Vielzahl an Nähr- und Vitalstoffen eine Heilpflanze.

Moringa (Wunderbaum)
Moringa-Bäume wachsen hauptsächlich in Afrika. Die Blätter und Samen dieses Wunderbaumes haben alle essentiellen Aminosäuren, die der Mensch braucht, sind reich an Antioxidantien, Vitaminen, Proteinen, Ballaststoffen, Enzymen und Mineralien. Moringa wird als Pulver in Nahrungsergänzungsprodukten angeboten.

Olivenöl
wird in der Ölmühle durch Zerquetschen aus der ganzen Frucht inklusive Kerne hergestellt. Die Olivenbäume wachsen meistens in Italien, Spanien und Griechenland. Kaltgepresstes Öl ist rein natürlich im Gegensatz zu raffinierten Ölen. Olivenöl hat viele einfach ungesättigte Fettsäuren. Die darin enthaltenen Polyphenole helfen bei der Heilung von Entzündungen. Es hat auch einen hohen Anteil an Vitamin E und Antioxidantien und hemmt somit den Hautalterungsprozess. Daher wird es oft in Kosmetikprodukten für die Haut verwendet.

Papaya
kommt aus Mexiko und wächst auf dem Melonenbaum, auch Papayabaum genannt. Auch die Papaya ist eine wahre Wunderfrucht! Die vielen Nährstoffe, die im Fruchtfleisch und auch in den Kernen enthalten sind, unterstützen viele Heilungsprozesse. Papayas helfen bei Rheuma, Verdauungsbeschwerden, bei Magen-Darmproblemen, lindern Entzündungen, stärken das Immunsystem und senken den Cholesterinspiegel. Sie sind reich an Vitamin A, B, C und E, Antioxidantien, die unsere Haut auch vor freien Radikalen schützen, Folsäure und Mineralien.

Kelp-Alge
Es gibt ca. 30 verschiedene Arten von der Braunalge, sie wachsen in Küstenregionen vorwiegend im Nordpazifik. Die Algen sind reich an natürlichem Jod, Mineralien und Spurenelementen. Sie kräftigen Haare und Fingernägel, stärken das Immunsystem, unterstützen Heilungen bei Infektionen und wirken entgiftend. Algen leiten Schwermetalle aus unserem Körper aus.

Schisandra
wird auch Spaltkörbchen genannt, es ist eine Beere und gilt in China als Heilpflanze. Sie wächst in China, Korea und Japan und hat einen sehr hohen Gehalt an Nähr- und Vitalstoffen. Sie kräftigt das Gedächtnis und die Leistungsfähigkeit, die Libido von Frau und Mann, das Immunsystem, das Nervensystem und erhält jugendliche Vitalität. Auch durch den hohen Anteil an Antioxidantien verleihen die Beeren der Haut einen strahlenden Teint und ein gepflegtes Hautbild.

Spirulina
ist eine blaugrüne Alge und wächst in Gewässern mit hohem Salzgehalt in Mittelamerika, Afrika und Asien. Sie ist reich an Mineralien, Kalzium, Magnesium, Eisen, Vitaminen und Proteinen. Sie verfügt auch über einen hohen Anteil an Vitamin B 12. Spirulina unterstützt die Selbstheilungskräfte des Körpers, stärkt unser Immunsystem, beeinflusst den Stoffwechsel positiv und schützt unseren Körper auch vor freien Radikalen. Wie auch andere Algen speichert sie Schwermetalle in unserem Körper und leitet sie gesammelt aus.

Stevia
auch Süßkraut genannt, kommt vorwiegend aus Südamerika und wird aus den Blättern der Stevia-Pflanze gewonnen. Sie hat eine ca. 300-fach höhere Süßkraft als Zucker und ist nahezu kalorienfrei. Stevia soll wie Xylit für die Zähne ein schonendes Süßungsmittel sein, da es die Zähne nicht wie herkömmlicher Zucker angreift.

Yacon
Die Pflanze wächst in den Anden Perus und hat einen hohen Anteil an Mineralstoffen wie Eisen, Kalium, Kalzium, Magnesium und Phosphor sowie an den B-Vitaminen und Vitamin C. Eine ihrer wichtigsten Eigenschaften ist es, den Blutzuckerspiegel zu senken und die positive Wirkung auf die Darmflora.

Zistrose
wächst im Mittelmeerraum und hat eine starke Wirkung gegen Viren, Bakterien, Pilze und freie Radikale, wirkt entzündungshemmend und unterstützt das Immunsystem als Abwehrkraft.

Auf dem Bild sind Superfoods wie Spirulina, Chiasamen, Quinoa und Amaranth zu sehen. Die meisten Superfoods bekommt man in Pulverform im Bioladen.

Empfehlungen

Bücher:
Grüne Smoothies (GU Verlag)
Green for Life von Victoria Boutenko (Hans Nietsch Verlag)
Wilde grüne Smoothies von Gabriele Leonie Bräutigam (Hans Nietsch Verlag)
The China Study/Die China Studie von T.Colin Campbell (Verlag systemische Medizin)

Filme: alle Filme sind auf DVD und in Deutsch von diversen Anbietern erhältlich
Earthlings (www.earthlings.com)
Gabel statt Skalpell (www.forksoverknives.com)
Food Inc.
The Cove/Die Bucht (www.thecovemovie.com)
Blackfish (blackfishmovie.com)
HOME
Plastic Planet

Website von Martina Hinterwallner: www.jointheveganrevolution.at, www.delicious.or.at

andere Websites:
www.zentrumdergesundheit.de
www.provegan.info

Produkte:
www.joya.info Soja aus Österreich, gentechnikfrei
www.smoothiegreen.com Superfoods, Wildkräuter, Algen, u. v. m.
www.takeme-gluecksnahrung.com natürliche Nahrungsergänzung
www.davert.de Bio-Produkte
www.rapunzel.de Bio-Produkte
www.glutenfreefelicia.com glutenfreie Nudeln aus Italien
www.sonnentor.at Bio-Gewürze
www.lupinenkaffee.de Lupinen-Kaffee

weitere Informationen

Kleine Zusammenfassung der gesundheitlichen Schädigungen durch Milchprodukte:
http://www.provegan.info/de/infothek/detailseite-infothek/kleine-zusammenfassung-der-gesundheitlichen-schaedigungen-durch-milchprodukte/

Dioxine im Fleisch von Schweizer Biohöfen:
http://www.20min.ch/schweiz/news/story/19662262

Multiresistente Keime: Ein wachsendes Problem:
http://www.bunte.de/gesunde-ernaehrung/alltag-multiresistente-keime-ein-wachsendes-problem-37632.html

DER FLEISCHATLAS 2014: http://www.boell.de/de/fleischatlas

Ascorbinsäure schadet Ihrer Gesundheit
http://www.zentrum-der-gesundheit.de/ascorbinsaeure-ia.html

US - Ärzte wollen Milch aus den Schulen verbannen
http://www.extremnews.com/nachrichten/ernaehrung/117514048ff94f9

Immer mehr Kinder ernähren sich in den USA vegan
http://www.baltimoresun.com/entertainment/dining/bs-fo-vegan-family-20130320,0,6654871.story

Fisch und Fischöl haben keinen Nutzen
http://www.sueddeutsche.de/gesundheit/fischoel-zur-infarkt-vorbeugung-maer-aus-dem-meer-1.1948697

Studie aus Kanada: Ungesättigte Fettsäuren im Fisch sind garnicht gesund
http://www.huffingtonpost.de/2014/05/03/studie-kanada-fettsauren-fisch_n_5258739.html

tödliche Keime – Gefahr aus dem Stall:
http://www.augsburger-allgemeine.de/wissenschaft/Toedliche-Keime-Die-Gefahr-aus-dem-Stall-id28532472.html

Harvard: Milch von der Kuh ist nicht gesund!
http://deutsche-wirtschafts-nachrichten.de/2013/10/28/harvard-milch-von-der-kuh-ist-nicht-gesund/

Study confirms link between high blood levels of omega-3 fatty acids and increased risk of aggressive prostate cancer
http://www.fhcrc.org/en/news/releases/2013/07/omega-three-fatty-acids-risk-prostate-cancer.html

Welt-Soja-Bilanz:
http://www.zeit.de/wirtschaft/2013-11/soja-bilanz

Vorsicht: Wer gesund isst, gilt als psychisch krank
http://www.zentrum-der-gesundheit.de/orthorexia-nervosa-ia.html

Fleisch wird zum Lebensmittel der Unterschicht
http://www.welt.de/wirtschaft/article3509742/Fleisch-wird-zum-Lebensmittel-der-Unterschicht.html

Warnung des EU-Parlaments: Lebensmittelbetrug in Europa weitet sich aus
http://www.spiegel.de/wirtschaft/service/eu-parlament-warnt-lebensmittelbetrug-in-europa-weitet-sich-aus-a-932438.html

MRSA-Keime in abgepacktem Grillfleisch gefunden
http://www.focus.de/gesundheit/gruene-warnen-vor-krankenhauskeim-mrsa-keime-bei-stichproben-in-abgepacktem-grillfleisch-gefunden_id_4050547.html

App, um zu sehen, welche Produkte an Tieren getestet wurden unter:
http://www.wermachtwas.info/index.php?pageID=4
oder eine Liste auf Peta unter: http://www.kosmetik-ohne-tierversuche.de

So funktioniert ein Supermarkt ohne Verpackungen
http://www.rp-online.de/leben/ratgeber/verbraucher/so-funktioniert-ein-supermarkt-ohne-verpackungen-bid-1.4225316

Fische - belastet und giftig
http://www.zentrum-der-gesundheit.de/fische.html

Verstrahlung Fukushimas: Jeder einzelne Thunfisch in Kaliforniens Gewässern ist radioaktiv belastet
http://de.sott.net/article/11879-Verstrahlung-Fukushimas-Jeder-einzelne-Thunfisch-in-Kaliforniens-Gewassern-ist-radioaktiv-belastet

James Cameron: Du bist kein Umweltschützer, wenn du Fleisch isst (englisch)
http://www.examiner.com/article/vegan-director-james-cameron-you-re-not-an-environmentalist-if-you-eat-meat

Umweltschule von Amis Cameron, Frau von James Cameron, Sie wird die 1. Schule in Kalifornien mit rein veganem Essen sein http://www.animalequality.de/neuigkeiten/cameron-schule-vegan

Über die Autorin

Martina Hinterwallner ist Vegan Coach, bietet vegane Kochworkshops an und arbeitet auch als Hundetrainerin. Privat hat sie sich immer um Tiere gekümmert, wuchs mit ihnen auf und ist sehr naturverbunden.
Sie hat sich immer schon mit Ernährung beschäftigt und wurde sukzessive aus ethischen und gesundheitlichen Gründen im Frühling 2012 Veganerin.
Durch die vegane Lebensweise möchte sie noch mehr Menschen damit erreichen, ihren nicht veganen Lebensstil zu überdenken und gründete ihre eigene Initiative auf ihrer Website www.jointheveganrevolution.at

Wenn Sie Martina Hinterwallner für einen Vortrag oder als Köchin einladen möchten, schreiben Sie bitte ein E-Mail an: office@delicious.or.at

Sie hat sich, seitdem sie Veganerin wurde, intensiv mit der veganen Lebensweise beschäftigt und immer mehr neue Rezepte kreiert. Sie nennt ihre Speisen selbst:
„gesunde & intelligente Ernährung, die sehr lecker schmeckt"
Ihr ist gesunde und reine Nahrung so wichtig, dass sie Rezepte geschaffen hat, die ohne Öl, Zucker, Salz und Gluten sind.
Sie selbst ernährt sich zu 60% von veganer Rohkost (wetterabhängig) und kocht für sich immer frisch.

Als Hundefreundin, Hunderetterin und selbst Hundemama ist ihr immer auch schon die Ernährung ihrer Hunde genauso wichtig gewesen wie für sich selbst. Irgendwann kam der Moment, in dem sie dachte: Was für den Menschen nicht gut und gesund sein kann, ist es sicher auch nicht für den Hund!
Sie brachte ihr zweites Buch heraus: **„HEALTHY VEGAN DOGS"**

Ich werde immer einen Teil des Erlöses von HEALTHY VEGAN DOGS ansammeln, damit ich viele Brustgeschirre kaufen kann und sie bedürftigen Hundebesitzern geben kann. Ich tausche die Geschirre gegen das Halsband aus. Wenn jemand Brustgeschirre hat, die er nicht braucht oder welche spenden möchte, bitte an: Martina Hinterwallner, Postfach 27, 1094 Wien, Österreich DANKE

Spenden

Ich bedanke mich im Namen der Tiere, dass sie mich dabei unterstützen, ihnen zu helfen! Ich möchte vor allem für Hunde einen Platz schaffen, an dem sie sich für immer zu Hause fühlen! Da ich viel Leid selbst gesehen habe, unter welchen Missständen Hunde teils „leben" müssen, sehe ich es nicht nur als wertvolle Aufgabe und Pflicht, sondern es macht mich wirklich glücklich, die Hunde zu mir zu holen und für sie zu sorgen. Sie alle haben ein Recht auf ein schönes Leben! So viele Tiere erleben die Hölle auf Erden, nur weil sie, obwohl frei in die Welt geboren, als Sklaven unserer Gesellschaft gehalten werden. Diese Tiere brauchen Nähe, Zuneigung, Wärme, Fressen, Liebe und einen sicheren Platz, an dem sie sich wohlfühlen. DAS möchte ich den Hunden ermöglichen. DANKE

Spendenkonto

Kontoinhaber: Martina Hinterwallner Spende Tierschutz I IBAN: AT412011182154784000 I BIC: GIBAATWWXXX
Bankverbindung: Erste Bank

Rezepte-Verzeichnis

Hauptgerichte	S 40
Mango-Papayasalat mit Ingwer-Chili-Dressing	S 40
Gemüse-Hirse-Pfanne mit Kichererbsen & Basilikum glutenfrei	S 40
Linsen-Dal mit Naturreis und Pak Choi glutenfrei	S 41
Grünes Mungobohnen-Curry mit Okra-Schoten glutenfrei, Rezept ohne Öl	S 41
Thai-Basilikum-Wok mit Tempeh und Superfoods Maulbeeren glutenfrei	S 43
Gemüse-Stew mit Kartoffeln und Kürbis glutenfrei	S 43
Schwarze Quinoa mit Erdnuss-Satay, Kokossauce & Koriander glutenfrei	S 44
Schwarze Quinoa mit Blattspinat, Zuckerschoten, Haselnüssen & Granatapfel glutenfrei	S 47
Rote Rüben-Kokos-Kartoffel-Puffer mit grünem Salat glutenfrei Dressing ohne Öl, Salz und Essig	S 49
Thailändische Pilzpfanne mit Mangold & Cashews glutenfrei	S 50
Gemüse-Kokoscurry mit Wildreis glutenfrei	S 50
Weizen-Tortillas mit Gemüse und Guacamole oder Soja-Dip	S 51
gegrillter Gemüseteller mit Chiasamen	S 53
Chili sin Carne mit Guacamole & Nachos (mild oder scharf) glutenfrei	S 55
Naturreisnudeln in Currysauce mit Shitakepilzen, Schwarzkohl und Koriander glutenfrei	S 57
oder als Salat: Naturreisnudel-Salat mit Avocado, Shitakepilzen, Blattspinat und Koriander glutenfrei	S 57
Pizza Delicious glutenfrei	S 59

Desserts	S 60
Schoko-Muffins mit getrockneten Erdbeerstückchen	S 60
Panna Cotta aus Kokos mit Superfood Acerola	S 60
Regenboden-Torte	S 61
glutenfreier Kakao-Guglhupf	S 63
Tiramisu	S 65